GÜTERSLOHER
VERLAGSHAUS

Entdecken Sie mehr
auf www.gtvh.de

FRANZ MEURER   PETER OTTEN

HIMMEL RELOADED

GÜTERSLOHER VERLAGSHAUS

Bibliografische Information der Deutschen Nationalbibliothek
Die Deutsche Nationalbibliothek verzeichnet diese Publikation
in der Deutschen Nationalbibliografie; detaillierte bibliografische
Daten sind im Internet über https://portal.dnb.de abrufbar.

Verlagsgruppe Random House FSC-DEU-0100
Das für dieses Buch verwendete FSC-zertifizierte Papier
EOS liefert Salzer Papier, St. Pölten, Austria.

Quellennachweis
Verwendete Bibelübersetzung:
Bibel in gerechter Sprache. 4., erweiterte und verbesserte Auflage 2011. Gütersloher Verlagshaus, Gütersloh.
Wir danken allen Copyrightinhabern, die für diese Publikation Texte oder Fotos zur Verfügung gestellt haben. Leider war es nicht in allen Fällen möglich, die Rechteinhaber zu ermitteln. Wir danken für entsprechende Hinweise. Rechtsansprüche bleiben gewahrt.

1. Auflage
Copyright © 2014 by Gütersloher Verlagshaus, Gütersloh,
in der Verlagsgruppe Random House GmbH, München

Dieses Werk einschließlich aller seiner Teile ist urheberrechtlich geschützt. Jede Verwertung außerhalb der engen Grenzen des Urheberrechtsgesetzes ist ohne Zustimmung des Verlages unzulässig und strafbar. Das gilt insbesondere für Vervielfältigungen, Übersetzungen, Mikroverfilmungen und die Einspeicherung und Verarbeitung in elektronischen Systemen.

Umschlagmotiv: © alphaspirit – Fotolia.com
Druck und Einband: CPI Moravia Books, Pohořelice
Printed in Czech Republic
ISBN 978-3-579-08506-7

www.gtvh.de

INHALT

Vorwort 9

Wenn ein Finger zum Himmel zeigt
Vision 12

Ein paar Himmel und Höllen hat jeder
Die Offenbarung und Ajax Amsterdam 14

Das Jenseits ist der Boden, auf dem das Diesseits wächst
Vernunft und Glaube 20

Leidenschaften sind Fahrstühle zwischen Himmel und Hölle
Das Glück des Physikers 22

Das schreit zum Himmel
Brudermord. Oder Barmherzigkeit 26

Das Blaue vom Himmel
Bilderstürme 31

Der Himmel geht über allen auf
Unser Produkt ist Service 37

Ein Stück vom Himmel
Das Wertvollste auf der Welt 42

Himmel und Hölle sind für jeden woanders
Hinter'm Bahndamm 46

Alles unter dem Himmel gehört allen
Großzügig sparen 50

Der geteilte Himmel
Teilen ist das neue Haben 53

Der Himmel versinkt im Meer
Das Rote Meer vor Lampedusa 57

Kommt ins Schlaraffenland
Ziemlich naiv 62

Spätestens im Himmel erwartet uns eine multikulturelle Gesellschaft
Krieg der Kürbiswelten 65

Im Paradies stehen keine roten Ampeln
Die Auto-Frage 71

Dass im Himmel der Teufel los ist
Egal welche Scheiße, ich mache alles 74

Himmel und Hölle, beide fangen mit H an
Leiharbeit 78

Das stinkt zum Himmel
Mindestlohn 80

Keiner kommt allein in den Himmel
Miteinander ernten 82

Den lieben Gott lass ich nur walten
Dieters Tombola 86

Der Himmel hilft niemals denen, die nicht handeln wollen
Leistung muss sich lohnen 94

Gott im Himmel hat an allen seine Lust, sein Wohlgefallen
Weißt du, wie viel Sternlein stehen? 97

So schön wie hier kann's im Himmel gar nicht sein
Emmaus liegt in Berlin 103

Das Schweigen des Himmels
Karsamstag 108

Machst du mir die Hölle heiß, wird dein Himmel kalt
Gewalt und Glaube 111

Soll Feuer vom Himmel fallen?
Krieg und Frieden 114

Knocking on Heaven's Door
Das Nelson-Prinzip 118

Was wirkt, ohne zu handeln, heißt der Himmel
Steh auf, Mädchen! 123

Himmel un Ääd
Jeder Jeck ist anders 128

Opa Hoppenstedt kommt in den Himmel. Die Ente bleibt draußen
Weihnachten wird unter'm Baum entschieden 131

O bitt für uns in dieser Zeit und führe uns zur Seligkeit!
Reibekuchenkirmes 136

Vom Himmel hoch
Demokratische, hierarchische, charismatische Kirche 142

Brot vom Himmel
Fronleichnam in der Küche 145

Imagine there is no heaven
Wie Simon die Mörder entwaffnete 149

Oh Heiland, reiß die Himmel auf!
Illusion der Unsterblichkeit 155

Die Autoren 159

VORWORT

Im Mai 1987 schoben sich in vielen deutschen Kinos die Vorhänge zur Seite und gaben den Blick frei auf ungewöhnliche Filmbilder. Wim Wenders hatte mit »Der Himmel über Berlin« tatsächlich einen Film fast ohne Handlung geschaffen, dafür aber voller Poesie, die die Zuschauer beglückte, ja: beseelte. Minutenlang glitt die Kamera schwerelos durch eine damals noch geteilte Stadt voller Narben, Kamerafahrten entlang der Berliner Mauer und über sie hinweg, sachtes Hinfliegen über Dächer und an Häuserzeilen entlang. Der Zuschauer wurde Zeuge von kleinen Szenen, in denen die Engel Cassiel und Damiel den inneren Monologen der Bewohner lauschen. Aufgenommen in schönem, strengem Schwarzweiß. Denn die Engel sind farbenblind. Und zu ewiger Passivität verdammt. Sie können nicht eingreifen, nur zuhören; und sie tun dies voller Mitgefühl für die Sorgen und Geschichten der Menschen und voller Zuneigung zu ihnen. Bis die Zuneigung zur Leidenschaft wird, und die Leidenschaft zur Liebe – um den Preis der eigenen Unsterblichkeit.

Wim Wenders hat 2009 in Tel Aviv eine bemerkenswerte Geschichte zu seinem Film erzählt:

»Wenn ich jemals etwas über diesen Film schreiben müsste – natürlich könnte ich es nicht wirklich –, dann würde ich über eine Erfahrung schreiben, die ich mit ihm gemacht habe. Über einen Moment, in dem mein Herz wirklich schneller schlug, weil ich ganz und gar glücklich mit ihm war. Ich ging mit dem Film nach Tokio. Und der Film kam dort in die Kinos, hatte gute Kritiken und auch der Verleiher dort war darüber glücklich. Und ich kam zurück nach Hause und drehte einen anderen Film.

Anderthalb Jahre später kam ich nach Tokio zurück, um irgendwelche Recherchen zu machen, denn ich wollte dort etwas drehen. Wieder traf ich den Verleiher. Er war immer noch sehr glücklich. Und er sagte: ›Ich möchte Ihnen etwas zeigen.‹ Und er nahm mich mit zu dem Kino, in dem ›Der Himmel über Berlin‹ damals Premiere gehabt hatte. Es war Mittagszeit. Und ich erinnere mich, dass der Film immer noch auf der Werbetafel angeschlagen war. Und ich dachte ›Wow! Er wird immer noch gespielt! Okay, das wollte er mir wohl zeigen.‹ Aber der Verleiher sagte nein. Wir gingen leise durch den Seiteneingang, der direkt an die Leinwand führte, hinein. Der Saal war voll, und ich fragte ihn: ›Wollten Sie mir das zeigen?‹ Aber er sagte wieder nein. Wir warteten ein bisschen, bis meine Augen in der Dunkelheit sehen konnten, und da begriff ich endlich, was er mir zeigen wollte: Im Saal saßen nur Frauen, nicht ein einziger Mann. Wir gingen wieder hinaus, und ich fragte ihn: ›Was um Himmels Willen ist das?‹ Der Verleiher schüttelte den Kopf. Er könne das auch nicht erklären, sagte er. Es sei ein soziales Phänomen. Menschen hätten bereits begonnen, darüber zu schreiben. Und die Erklärung, die er für am wahrscheinlichsten halte, sei, dass Frauen den Film deswegen so liebten, weil die Männer ihnen darin zuhörten. Und in der Tat: Die Engel im Film hören zu. Sie hören zu.«
Wim Wenders hat mit seinem Himmelsfilm eine Himmelsgeschichte erlebt, eine Sternstunde: Menschen finden von den zwei Engeln Cassiel und Damiel ihre eigene Sehnsucht danach ausgedrückt, dass ihnen jemand einfach mal zuhören möge.
Um solche Himmelsgeschichten geht es in diesem Buch. Dafür sind wir aber nicht bis nach Tokio gereist. Diese Geschichten sind hier passiert, in Höhenberg-Vingst, dem Kölner Stadtteil und der Pfarrei, die uns beide mit

Menschen, die hier leben, zusammen bringen. Oder in der Arbeit mit den Jugendlichen in der Katholischen jungen Gemeinde (KjG). Sie verbergen sich auch in Meldungen in der Zeitung, die morgens auf dem Tisch liegt. In den 140 Zeichen eines Tweets. In einem Posting auf Facebook. Und hinter allen Geschichten steht der Wunsch, der uns vermutlich mit Menschen in Köln-HöVi, in Tokios Kino und mit (fast) allen in den Geschichten verbindet:
Wir wollen mehr Himmel.

Ihre
Franz Meurer und Peter Otten

MONSIEUR, WENN EIN FINGER ZUM HIMMEL ZEIGT, SCHAUT NUR DER DUMMKOPF DEN FINGER AN

Amélie in: Die fabelhafte Welt der Amélie, Film, Frankreich 2001

Die Initiative »Global Marshall Plan« hat eine konkrete Vision für unsere Welt; auch Christen arbeiten an der Verwirklichung mit. Internet: www.globalmarshallplan.org

Aus der Heiligen Schrift:
Der Segen von Aufrichtigen erhöht eine Stadt;
durch die Rede von Ungerechten wird sie dem Erdboden gleichgemacht.
Wer seine Nächsten schlecht macht, hat keinen Verstand;
ein Mensch voller Einsicht schweigt.
Wer mit Klatsch hausieren geht, deckt Vertrauliches auf;
wer vertrauenswürdig ist, behält ein Gespräch für sich.
Fehlen die Visionen, fällt das Volk; Rettung naht, wenn viele Rat geben.

Aus dem Buch der Sprichwörter 11,11-14

VISION

»Wer Visionen hat, sollte zum Arzt gehen«, dieses Bonmot des Altbundeskanzlers Helmut Schmidt ist inzwischen zur Volksweisheit geworden. Schmidt meinte wohl, dass sich die Politik an Realien orientieren soll, nicht an Träumen.

Anders das biblische Buch der Sprichwörter: »Ohne Visionen verkommt das Volk.« Also ohne Hoffnung auf eine bessere Zukunft. In der Nachkriegszeit war in vielen Familien der Satz zu hören: »Wir machen uns krumm, damit unsere Kinder es einmal besser haben.« Zur Vision gerann dieser Wunsch in der Politik dann mit Ludwig Erhard, dem Wirtschaftsminister mit der dicken Zigarre: »Wohlstand für alle!«

Die gemeinsame Anstrengung formuliert auch das Buch der Sprichwörter: »Rettung ist dort, wo viele Ratgeber sind.« Es geht also nicht um die Vision eines Einzelnen, sondern um die Formulierung gemeinsamer Ziele, um einen demokratischen Prozess unter Beteiligung vieler.

Dabei gilt: Die Hoffnung stirbt zuletzt! Vaclav Havel drückt es so aus: »Hoffnung ist nicht die Sicherheit, dass es gut ausgeht, aber die Gewissheit, dass es Sinn macht.«

Die Vision der Christen ist das Reich Gottes. Dies ist nicht ein Gottesreich in dieser Welt, in dem wie im Mittelalter die Fürstbischöfe herrschen. Es ist die Hoffnung auf Gerechtigkeit, Frieden und Bewahrung der Schöpfung.

»Think global, act local!« Wenn viele kleine Menschen an vielen kleinen Orten viele kleine Dinge tun, dann kann geschehen, was das Buch der Sprichwörter meint: »Eine Stadt kommt hoch durch den Segen der Redlichen.«

Dann sollte es weiterhin Ärzte geben, aber nicht, um Visionen zu behandeln.

Franz Meurer

EIN PAAR HIMMEL UND HÖLLEN HAT JEDER
Manfred Hinrich

Quelle: Twitter.com, 11.10.2013

Aus der Heiligen Schrift:
Danach sah ich: Da! Eine große Menge, unzählbar, aus allen Völkern, Stämmen, Völkerschaften und Sprachgemeinschaften, stand vor dem Thron und vor dem Lamm, in weiße Kleidung gekleidet und mit Palmzweigen in den Händen. Sie riefen mit lauter Stimme: »Die Rettung ist bei unserem Gott, der auf dem Thron sitzt, und dem Lamm!«
Rings um den Thron standen alle Boten, die Ältesten und die vier Lebewesen, fielen vor dem Thron auf ihre Gesichter und huldigten Gott: »Amen, Segen und Ruhm, Weisheit und Dank, Ehre, Macht und Kraft unserem Gott in alle Ewigkeiten!«

Aus der Reihe der Ältesten begann jemand zu reden und sagte zu mir: »Die Weißgekleideten – wer sind sie und woher sind sie gekommen?« Ich sagte ihm: »Mein Herr, du weißt es.« »Er sagte zu mir: »Das sind die, die aus der großen Bedrängnis gekommen sind. Sie haben ihre Gewänder gewaschen und im Blut des Lammes weiß gemacht. Deshalb sind sie vor dem Thron Gottes. Sie feiern für Gott Tag und Nacht im Tempel Gottesdienst, und die Person, die auf dem Thron sitzt, wohnt über ihnen. Sie werden weder Hunger noch Durst haben, weder Sonnenglut noch Hitze wird auf sie fallen, denn das Lamm mitten auf dem Thron wird sie weiden und den Weg zu den Lebenswasserquellen führen, und Gott wird jede Träne von ihren Augen abwischen.«

Aus der Offenbarung des Johannes 7,9-17

DIE OFFENBARUNG UND AJAX AMSTERDAM

Mal ehrlich: Es gibt Sachen, die bleiben mir vollkommen unzugänglich. Zum Beispiel Kaffee mit Unmengen Zucker zu trinken. Da schüttelt es mich schon beim bloßen Gedanken daran. Die einzige Ausnahme, die mein Koffeinuniversum diesbezüglich zulässt, ist ein ordentlich gesüßter Espresso. Doch ansonsten frage ich Sie: Sie würden doch auch keine warme Cola trinken? Eben. Was gehört noch dazu? Cluburlaub zum Beispiel. Für mich völlig unverständlich, genauso wie Kreuzfahrten. Eine große Blechbüchse, in der die Einkaufshölle der Hohen Straße in Köln nachgebaut wurde, vermischt mit dem Bling-Bling der Bars und Clubs auf den Kölner Ringen, und von der Theaterbühne aus schreien einen am Abend noch Kölner Stimmungssänger an, während man links und rechts von Kölner Schnauzbartträgern eingerahmt ist – und man kann nicht mal abhauen! Hölle, oder? Für mich jedenfalls. Aber ich muss auch damit leben, dass das für andere der Himmel ist.

Auch in der Bibel gibt es Texte, ja ganze Bücher, um die habe ich immer einen großen Bogen gemacht. Zum Beispiel um das rätselhafte Buch mit dem einigermaßen geheimniskrämerischen Namen »Offenbarung des Johannes«. Daraus stammt auch diese Passage hier. Einmal im Jahr komme ich nicht drum herum, sie zu hören. Am 1. November, am Allerheiligenfest. Der Tag lief in meiner Kindheit immer gleich ab. Jedes Jahr ging ich mit meinen Eltern in den immer gleichen Gottesdienst in der Nachbarpfarrei, Startzeit: unverschämte acht Uhr morgens. Jedes Jahr trat der gleiche Lektor nach vorne und las immer diesen Text vor von Johannes, der eine große Menschenmenge sieht. Das Buch ist das allerletzte Buch in der Bibel und ist insofern leicht zu finden. Danach kommt nichts mehr. Das ist kein Zufall, denn das Buch nennt man umgangssprachlich auch »Apokalypse«, was nichts weiter bedeutet als Entschleierung, Enthüllung. Und damit wird auch die Absicht des Buches deutlich: So könnte es sein, wenn am Ende dessen, was ist, alles klar wird und das Reich Gottes kommt.

Aber das weiß ich jetzt, nachdem ich Theologie studiert habe. Damals, als dreizehn- oder vierzehnjähriger Junge dachte ich nur: Hä? Weißgekleidete Menschen? Im Blut des Lammes weiß gemacht? Was hat der denn geraucht? Und überhaupt: Tag und Nacht Gottesdienst feiern! Geht's noch? Mir hat damals schon die Frühmesse gereicht.

Heute weiß ich: Der Autor des Textes schreibt unter dem Eindruck einer gewaltgesättigten Welt. Das war die Welt des römischen Weltreiches im 1. Jahrhundert n. Chr. mit all seiner strukturellen und wirtschaftlichen Gewalt. Mit Sklaverei, Ausbeutung von Menschen und Ressourcen. Mit allen schlimmen, von den Gewalttätern zu verantwortenden Folgen. Und die Hoffnung von Johannes ist, dass Gott für den völligen Zusammenbruch derartiger Gewaltverhältnisse sorgen wird. Dass dann was Neues kommt. Eine Neuschöpfung jenseits aller Gewalt, aller Unterdrückung, allen Unrechtes. Und dieses Neue wird nicht nur neu sein, sondern – überwältigend neu.

So eindrucksvoll und, ja, gewaltig, dass es die Gewalt seiner Zeit als das zeigt, was sie ist: erbärmlich. Dafür braucht Johannes eine Sprache, die überwältigt; Bilder und Beschreibungen, die seine Zeitgenossinnen und Zeitgenossen sprachlos machen. Und weil es in der Zeit des Johannes noch keine Kreuzfahrtschiffe gab mit Bling-Bling und Stimmungssängern, hat er eben eine andere Symbolik gewählt, um deutlich zu machen, wie er sich diese überwältigende neue Welt vorstellt. Er nimmt als Grundierung ein Bild, mit dem er sich auskennt: Gottesdienst feiern – rund um die Uhr. Die Bilder, von denen Johannes erzählt, sind schwer zu verstehen. Vor allem wegen eines kniffligen Umstandes: Weil sie etwas erzählen, was niemand bisher gesehen hat. Daher schreibt Johannes auch keine Reportage. Mir gefällt der Ausdruck »sich etwas ausmalen« ganz gut. Darum geht's ihm wohl: Er malt den LeserInnen aus, wie das sein könnte, wenn das Reich Gottes da ist. Also das, was wir nicht schon längst haben, worauf wir aber mit Recht hoffen dürfen, weil wir Bruchstücke des Reiches Gottes schon kennen, nämlich Momente, Zeiten und Orte, wo es bereits begonnen hat: Wenn zwei Menschen sich versöhnen. Wenn eine gute Idee Früchte trägt. Wenn eine Gemeinschaft ein wirkliches Netzwerk ist, das Menschen trägt. Diese Orte und Zeiten sind wie der Krümel von einem Kuchen: Man ahnt, wie die ganze Torte aussehen wird, wir wissen es aber noch nicht. Und wir dürfen darauf hoffen, dass wir irgendwann mal von der fertigen zehnstöckigen Torte essen dürfen.

Wäre Johannes ein Konditor gewesen, dann hätte er vielleicht dieses Bild von der Torte gewählt. Aber weil er wohl ein Gottesdienst-Fan war, ist sein Paradies-Favorit ein gewaltiger Gottesdienst.

Wir leben nicht mehr im 1. Jahrhundert im römischen Weltreich, das die Menschen bedrängt und die ersten Christen gequält hat, indem es plötzlich den Kaiserkult betonte und die Gemeinden unterdrückte. Weil es Sklavendienste und andere Verbrechen in Gesetzen zur legalen Norm erklärte. Trotzdem dürfen wir den Apokalypse-Text hören, als sei er in unsere Zeit hineingeschrieben. Denn auch unsere Zeit kennt zu viel, das bedrängt. Das können Ereignisse im persönlichen Leben sein: Freundschaften, die scheitern; Aufgaben, die überfordern; Erwartungen, die unerfüllbar sind, oder Krankheiten, die wie aus dem Nichts auftauchen. Das können aber auch apokalyptische Nachrichten einer verrückten Welt sein: Hunger und Ungerechtigkeit, Klimakollaps und Überbevölkerung, Kriege und Naturkatastrophen.

Was jedenfalls wichtig ist: Auch wir sind gemeint, wenn die Bibel von den Bedrängten erzählt. Auch wir mischen uns unter die Völkerstämme, von denen Johannes sagt, dass sie von überall her kommen. Auch wir haben die weißen Gewänder übergezogen und wedeln mit Palmzweigen, Zeichen des Sieges. Und dann wird das Bild bei Johannes handfest und konkret: Keinen Hunger und keinen Durst mehr für niemanden, keine Hitze und Sonnenglut – und Gott wird alle zu den Lebenswasserquellen führen, an denen alle ausruhen dürfen. Jetzt mal ehrlich: Ist das nicht wirklich das Paradies? Und, mal ehrlich, wenn Gott ein gerechter Gott ist: Muss es dann nicht irgendwann auch so kommen? Dass der, der Zeit seines Lebens Hunger hatte, satt wird? Ohne zu betteln? Und dass die, die immer einsam war, einen Haufen Freunde hat? Ohne Flirten und Chatten und Speeddating?

Ich kannte mal einen holländischen Pfarrer, der war davon überzeugt, dass im Himmel Fußball gespielt würde. Denn

im Himmel, sagte er, würde es das Gute im Überfluss geben, und Fußball sei etwas außerordentlich Gutes. Daher wollte er im Falle seines Todes im Trikot von Ajax Amsterdam beerdigt werden, seinem Lieblingsverein, damit er im Himmel sofort auf dem Rasen auflaufen könne. Davon war er überzeugt. So hat er sich das Reich Gottes »ausgemalt«: als ein endloses Fußballturnier in Orange. Das war sein Offenbarungsbild.
Warum nicht?
Besser als eine endlose Kreuzfahrt ist es allemal.

Peter Otten

DAS JENSEITS IST DER BODEN, AUF DEM DAS DIESSEITS WÄCHST

Adolf Faut

Jürgen Habermas, Quelle: Wikipedia, Nikolas Becker

Aus der Heiligen Schrift:
Prüft alles und behaltet das Gute. Von jeder Gestalt des Bösen haltet euch fern. Gott selbst ist der Frieden und möge euch durch und durch heiligen, und ihr sollt an Geist, Seele und Körper unverletzt bewahrt bleiben, so dass nichts an euch auszusetzen ist bei der Ankunft Jesu Christi, dem wir gehören. Gott hat euch berufen, ist treu und wird dies tun.

Erster Brief des Apostels Paulus an die Gemeinde in Thessaloniki 5,21-24

VERNUNFT UND GLAUBE

Im Alter von 84 Jahren hat Jürgen Habermas 2013 den, wie er schreibt, »voraussichtlich letzten Band« seiner »Kleinen Politischen Schriften« veröffentlicht. Es ist eine Sammlung von Reden und Aufsätzen.

Der Titel zeigt treffend den Inhalt an: »Im Sog der Technokratie«.

Für Deutschland wie für Europa wünscht sich Habermas eine Entwicklung zu mehr Demokratie und vor allem zu mehr solidarischem Bewusstsein.

Schon seit Jahren stellt der Philosoph im Blick auf die

Gesellschaft einen Rückzug ins Private fest, begleitet von Entsolidarisierung und Phänomenen der Verwahrlosung. Die Vernunft allein, so Habermas, kriegt das schwerlich ins Gleichgewicht von individueller Freiheit und solidarischer Gesellschaft. Für eine Vernunftmoral sieht er motivationale Schwächen.

»Dieser Kognitivismus richtet sich an die Einsicht von Individuen und erzeugt keine Antriebe für ein solidarisches, d.h. ein moralisch angeleitetes kollektives Handeln«, schrieb Habermas schon früher (in: Ein Bewusstsein von dem, was fehlt, hrsg. von Michael Reder und Josef Schmidt, edition suhrkamp, Frankfurt am Main 2008, S. 97). Eine Ergänzung der Vernunft erhofft sich Habermas von gläubigen Menschen: »Die säkulare Moral ist nicht von Haus aus in gemeinsame Praktiken eingebettet. Demgegenüber bleibt das religiöse Bewusstsein wesentlich mit der fortdauernden Praxis des Lebens in einer Gemeinde verbunden und im Falle der Weltreligionen mit der im Ritus vereinigten globalen Gemeinde aller Glaubensgenossen. Aus diesem universalistisch angelegten Kommunitarismus kann das religiöse Bewusstsein des einzelnen auch in rein moralischer Hinsicht stärkere Antriebe zu solidarischem Handeln beziehen. Ob das heute noch der Fall ist, lasse ich dahingestellt« (a.a.O, S. 97f).

»Ob das heute noch der Fall ist« – diese Frage gilt es in der von Habermas skizzierten Gemeindepraxis zu beantworten. In Übereinstimmung mit dem Papst anerkennt Habermas die Vernünftigkeit religiöser Äußerungen. Ihre Nützlichkeit erweist sich dann in der Solidarität und der praktizierten Nächstenliebe in den Gemeinden.

Ein vernünftiger Glaube ist immer praktisch und solidarisch.

Franz Meurer

LEIDENSCHAFTEN SIND FAHRSTÜHLE ZWISCHEN HIMMEL UND HÖLLE

Andreas Tenzer

In Australien ist mit 79 Jahren der Physiker John Mainstone gestorben, der mehr als ein halbes Jahrhundert lang den langwierigsten Labortest der Welt betreut hat. Das sogenannte »Pechtropfenexperiment« war 1927 von Thomas Parnell gestartet worden. Er wollte nachweisen, dass Pech sich zwar wie ein Feststoff anfühlt, der sich bei Raumtemperatur mit einem Hammer entzwei schlagen lässt, sich aber trotzdem wie eine Flüssigkeit verhält. Dazu füllte er Pech in einen Glastrichter. Es dauerte allerdings allein drei Jahre, bis sich das Pech, ein Derivat aus Teer, gesetzt hatte. Daraufhin wurde der Trichter geöffnet, damit das Pech ausfließen könne. In den seitdem vergangenen 83 Jahren seien nur acht Tropfen Pech nach unten getropft. Dies habe allerdings nie jemand – auch nicht der nun verstorbene Leiter des Experiments – beobachtet, teilte die Universität mit. Drei Webkameras sollen nun wenigstens den nächsten Tropfen filmen.

Quelle: Nachrichtentext mit Material aus dem Kölner Stadt-Anzeiger vom 26. August 2013

Interview mit John Mainstone auf Zeit-online: http://www.zeit.de/wissen/2013-07/pechtropfenexperiment-mainstone-interview/komplettansicht

Live-Kamera des Experiments: http://smp.uq.edu.au/content/pitch-drop-experiment

Zeitrafferfilm des Baus der Waldschlösschenbrücke in Dresden: http://www.youtube.com/watch?feature=player_embedded&v=_jCUOPh7nGw

> Aus der Heiligen Schrift:
> Jesus erzählte: Dann wird es mit dem Himmelreich sein wie mit zehn Jungfrauen, die ihre Lampen nahmen und dem Bräutigam entgegengingen. Fünf von ihnen waren töricht und fünf waren klug.

Die törichten nahmen ihre Lampen mit, aber kein Öl, die klugen aber nahmen außer den Lampen noch Öl in Krügen mit. Als nun der Bräutigam lange nicht kam, wurden sie alle müde und schliefen ein. Mitten in der Nacht aber hörte man plötzlich laute Rufe: Der Bräutigam kommt! Geht ihm entgegen! Da standen die Jungfrauen alle auf und machten ihre Lampen zurecht. Die törichten aber sagten zu den klugen: Gebt uns von eurem Öl, sonst gehen unsere Lampen aus. Die klugen erwiderten ihnen: Dann reicht es weder für uns noch für euch; geht doch zu den Händlern und kauft, was ihr braucht. Während sie noch unterwegs waren, um das Öl zu kaufen, kam der Bräutigam; die Jungfrauen, die bereit waren, gingen mit ihm in den Hochzeitssaal und die Tür wurde zugeschlossen. Später kamen auch die anderen Jungfrauen und riefen: Herr, Herr, mach uns auf! Er aber antwortete ihnen: Amen, ich sage euch: Ich kenne euch nicht.
Seid also wachsam! Denn ihr wisst weder den Tag noch die Stunde.

Matthäusevangelium 25,1-13

DAS GLÜCK DES PHYSIKERS

An dem Tag, an dem der Tod von Professor John Mainstone gemeldet wird, hat der VFB Stuttgart nach drei Jahren Amtszeit seinen Trainer Bruno Labbadia entlassen. Drei Jahre, das werten manche Sportjournalisten schon als Erfolg eines Mannes, der im Bundesligageschäft mitunter auch als schwierig erlebt wird. Am selben Tag wird über die Eröffnung der umstrittenen Waldschlösschenbrücke in Dresden berichtet, deren Bau im Jahr 2009 begann. Im Internet kann man in einem Zeitrafferfilm den Verlauf der Bauarbeiten vom ersten bis zum letzten Tag verfolgen. Vier Jahre Bauzeit rauschen in einer halben Stunde Mittagspause vorbei.

Drei Jahre Fußballtrainer. Vier Jahre Brückenbau. Das ist nichts gegen das Pechtropfen-Experiment von John Mainstone. Oder gegen das Musikstück von John Cage, das in Halberstadt zu hören ist. Cage verband mit seiner durch einen Zufallsgenerator erzeugten Komposition die Anweisung, sie »as slow as possible« – so langsam wie möglich – zu spielen. 639 Jahre soll es dauern, bis das Orgelwerk verklingt. Seit seinem Start im Jahr 2001 gab es überhaupt erst 13 Tonwechsel.

Man kann in derlei Geschichten berechtigterweise einen Anlass sehen, über das Vergehen und Verfließen von Zeit nachzudenken. Im Erklingen einer Komposition über mehrere hundert Jahre hinweg liegt natürlich auch eine Provokation: Welchen Sinn soll das haben? Niemand wird je in der Lage sein, das Stück in seiner Gesamtheit zu hören. Aber ist das andererseits nicht ein schönes Bild für ein grundsätzliches Phänomen menschlichen Erkennens: nämlich nie in der Lage zu sein, sämtliche Zusammenhänge der Welt zu durchschauen?

Aber vielleicht, das kann diese Geschichte auch zeigen, kommt es gar nicht so darauf an, alle Zusammenhänge zu verstehen. Vielleicht reichen auch ein paar. Hauptsache, die Neugier bleibt, eine wichtige Ressource für einen Wissenschaftler jedenfalls. In einem Interview hat Mainstone mal davon erzählt, dass täglich etwa 100 Besucher vorbei kommen, um den fallenden Tropfen persönlich in Augenschein zu nehmen. Etwa 300.000 Menschen klicken täglich die Live-Kamera im Internet an. Und auch seine Familie habe seine Motivation für dieses Experiment verstanden: »Sie haben nur wie ich bemerkt, dass es Dinge gibt, selbst bei so einem simplen Experiment, die es noch zu verstehen gilt. Wenn möglich auf einer sich stetig vertiefenden Ebene. Ganz so, wie es sich für einen Physiker ziemt.« Auch wenn es 80 Jahre und mehr dauert: Ein Physiker bleibt auf der Brücke.

In den Nachrufen auf John Mainstone wiesen einige auf die besondere Tragik seines Schaffens hin: Er selbst habe nie das Fallen eines Tropfens gesehen. Einmal habe ihn Durst überkommen und der Gang zum Getränkeautomaten ließ ihn das Fallen des Tropfens verpassen. Einmal tropfte es, als er sich frei nahm, um mit seiner Familie Zeit zu verbringen. Und einmal habe die Kamera versagt und die entscheidenden Bilder nicht geliefert. Mainstone selbst hielt es für wenig wahrscheinlich, dass überhaupt irgendein Mensch jemals live das nächste Tropfen würde beobachten können. Denn selbst wenn ein Mensch niemals den Versuchsaufbau aus den Augen lassen würde, wäre es wahrscheinlich, dass er durch einen Lidschlag den Moment doch verpassen würde. Denn den Augenblick zwischen dem Abreißen des Tropfens und seinem Aufsetzen im Becherglas schätzte der Physiker lediglich auf etwa 0,1 Sekunden. Daher gibt's nun drei Kameras für den Moment der Momente. Falls eine ausfällt. Oder zwei.

Würde Jesus heute vom Himmelreich predigen, würde er vermutlich nicht mehr von Jungfrauen berichten. Sondern vielleicht vom Physiker John Mainstone erzählen, der mit großer Neugier und beruflicher Profession ein Becherglas beobachtet. Denn mit dem Himmelreich ist es wie mit der Physik: Es braucht Leidenschaft, Ausdauer und vor allem eine nicht versiegende Neugier auf die Welt.

Peter Otten

DAS SCHREIT ZUM HIMMEL

Belfast – Bei Straßenschlachten zwischen der Polizei und probritischen Krawallmachern sind im nordirischen Belfast in der Nacht zu Samstag mindestens 56 Polizisten verletzt worden, fünf mussten im Krankenhaus behandelt werden. Auslöser der Gewalt war der Versuch probritischer Demonstranten, die Route eines geplanten Umzugs der Republikaner zu blockieren. Es flogen Steine und Flaschen, mehrere Autos wurden angezündet und Geschäfte beschädigt. Die Polizei setzte Wasserwerfer ein und feuerte Gummigeschosse ab. Kurzzeitig standen sich auch die republikanischen Demonstranten und gegnerische Royalisten gegenüber, konnten aber von der Polizei getrennt werden. Die Republikaner gedachten mit dem Umzug des Jahrestags, an dem 1971 den britischen Behörden das Recht erteilt worden war, Verdächtige ohne Anklage zu inhaftieren. Dies war eine der umstrittensten Maßnahmen während des jahrzehntelangen Konflikts zwischen katholischen Republikanern und probritischen Protestanten. Der Konflikt wurde 1998 mit dem Karfreitag-Abkommen beigelegt, doch kommt es immer noch gelegentlich zu Gewalt zwischen den Volksgruppen.

Quelle: Spiegel online, 10. August 2013

> Aus der Heiligen Schrift:
>
> Ein Toragelehrter erhob sich, um Jesus gründlich zu befragen, und sprach: »Lehrer, was muss ich tun, damit ich am ewigen Leben Anteil erhalten werde?« Jesus sprach zu ihm: »Was ist in der Tora geschrieben? Wie liest du?« Er antwortete ihm: *»Du sollst die Lebendige, deinen Gott, lieben aus deinem ganzen Herzen und mit deinem ganzen Leben und mit dei-*

ner ganzen Kraft und mit deinem ganzen Denken, und deine Nächsten wie dich selbst.« Er sagte: »Du hast richtig geantwortet. Handle so und du wirst leben.«

Jener wollte aber weiter Recht bekommen und sagte darum zu Jesus: »Und wer sind meine Nächsten?«

Jesus nahm diese Frage auf und erwiderte: »Ein Mann ging von Jerusalem nach Jericho hinab und fiel Räubern in die Hände. Diese zogen ihn aus, misshandelten ihn und machten sich davon und ließen ihn halb tot liegen. Zufällig kam ein Priester des Weges, sah ihn und ging vorüber. Gleichermaßen kam ein Levit an dem Ort vorbei, sah ihn und ging vorüber. Da kam einer aus Samaria des Weges, sah ihn und hatte Mitleid mit ihm. Er ging zu ihm hin und verband seine Wunden, indem er Öl und Wein darauf goss, dann hob er ihn auf sein Tier, brachte ihn in eine Herberge und pflegte ihn dort. Am folgenden Tag nahm er zwei Denare, gab sie dem Wirt und sagte: ›Umsorge ihn! Und was du mehr ausgibst, will ich dir bezahlen, wenn ich wiederkomme.‹ Was meinst du, welcher von den dreien sei der Nächste dieses Mannes geworden, der den Räubern in die Hände gefallen war?« Er sagte: »Der ihm Barmherzigkeit erwiesen hat.« Jesus antwortete ihm: »So mache auch du dich auf und handle entsprechend!«

Lukasevangelium 10,25-37

BRUDERMORD. ODER BARMHERZIGKEIT

Zwei Bildtafeln. Sie sind 100 Jahre alt und wurden für den Unterricht in den Volksschulen gemacht. Sie zeigen, wie gefährlich Religion sein kann.

Das erste Bild zeigt das Gleichnis vom Barmherzigen Samariter, wie es im Lukasevangelium erzählt wird. Es ist wie ein Film aufgebaut.

Die Räuber sieht man nicht mehr, aber den Menschen, den sie überfallen haben, wohl. Links eilen die beiden davon, die eigentlich professionell zur Hilfe verpflichtet sind, Priester und Levit. Leviten sind Tempeldiener, sie übernehmen bis heute besondere Aufgaben im jüdischen Gottesdienst. Beide machen ihren Job nicht.

Zum Glück kommt ein Mann aus Samaria vorbei, ein »Heide« mit Migrationshintergrund. Er fackelt nicht lange und packt an. Er lässt sein Herz sprechen und tut instinktiv das richtige. Barmherzigkeit ist die Macht des Individuums, die Institution versagt. Das Gleichnis Jesu ist Kirchenkritik pur.

Der Samaritaner hat die notwendigen Mittel. Er packt den Überfallenen in seinen Mercedes, pardon, auf seinen Esel, und bringt ihn zum Gasthaus, das im Hintergrund zu sehen ist. Er sorgt für die notwendige Pflege und sagt dem Wirt auch eine Nachzahlung zu. Er hat jedoch kein Helfersyndrom, sondern setzt seine Geschäftsreise fort, als der arme Kerl versorgt ist.

Heinrich Böll hat gesagt: »Man will uns einreden, die Zeit der Humanität sei vorbei, die Zeit des Mitleidens sei vorbei. Harte Herzen brechen leichter als mitleidige Herzen, die eine große Kraft haben.«

Für Priester und Levit ist offensichtlich die Zeit des Mitleidens vorbei. Vielleicht ist ihr Terminkalender voll, vielleicht haben sie ihren freien Tag. Vielleicht stehen sie auch für eine Kirche, die sich am liebsten mit sich selbst beschäftigt. Das hasst Papst Franziskus. Seine Botschaft ist so einfach wie die Tat des Samariters: Übt Barmherzigkeit! Das Gleichnis zeigt, wie gefährlich Religion sein kann. Sie führt zur Verhärtung der Herzen, wenn nicht Erbarmen ihr Motto ist.

Schon die Geschichte von Kain und Abel macht deutlich, was passiert, wenn Religion zum Konkurrenzkampf wird. Im ersten Buch der Bibel, Genesis 4,1-16, wird sie erzählt: Kain und Abel bringen Gott ein Brandopfer dar, Kain verbrennt Feldfrüchte, Abel ein junges Tier – im Tafelbild ist es ein Widder. Gott schaut auf das Opfer des Abel, Kain beachtet er nicht. Im Bild ist dies durch die Rauchentwicklung treffend dargestellt. Im Blick des Kain ist zu erkennen, was er bald tun wird: Er tötet seinen Bruder. Gott sagt: »Das Blut deines Bruders schreit zu mir vom Ackerboden!« Diese geniale Geschichte zeigt das Kainsmal jeder Religion. Wenn die Religionen in Konkurrenz zueinander treten, ist Mord und Totschlag nicht weit.

Hans Küng hat mit seinem Projekt Weltethos immer wieder betont: Kein Frieden der Nationen ohne Frieden der Religionen! Viele Religionen wähnen sich im Besitz der Wahrheit. Doch Gott erkennen wir nur in einem fahlen Spiegel, so drückt der Apostel Paulus es aus. Das letzte Konzil der katholischen Kirche (1962 – 1965) hat zum Glück betont, dass in allen Religionen Spuren der Wahrheit zu finden sind, ja dass wir Christen von allen Religionen lernen können.

Hans Urs von Balthasar, der große Theologe, hat formuliert: »Die Wahrheit ist symphonisch.« In einer Symphonie spielen viele Instrumente mit. Vielleicht kann man sich Gott als Dirigenten vorstellen, ohne den ein Wohlklang nicht entstehen kann.

Neid ist vielleicht die intensivste Form der Anerkennung – aber nur in einer Welt, die vom Erfolg bestimmt wird. Erfolg aber ist nicht der Name Gottes, sondern Wohlwollen und Barmherzigkeit.

Franz Meurer

DAS BLAUE VOM HIMMEL
Spielfilm (2011) von Hans Steinbichler

»Lichter werden dich nach Hause führen,
und deine Knochen werden Feuer fangen,
und ich werde versuchen, dich zu heilen.«
Aus dem Song »Fix You« von Coldplay

> Aus der Heiligen Schrift:
> Es werden Zeichen sichtbar werden an Sonne, Mond und Sternen, und auf der Erde werden die Völker bestürzt und ratlos sein über das Toben und Donnern des Meeres. Die Menschen werden vor Angst vergehen in der Erwartung der Dinge, die über die Erde kommen; denn die Kräfte des Himmels werden erschüttert werden. Dann wird man den Menschensohn mit großer Macht und Herrlichkeit auf einer Wolke kommen sehen. Wenn (all) das beginnt, dann richtet euch auf, und erhebt eure Häupter; denn eure Erlösung ist nahe.
> Lukasevangelium 21,25-28

BILDERSTÜRME

Neulich habe ich mit Jugendlichen einen Gottesdienst gefeiert. Der hier zitierte Text von Lukas war dabei die Lesung aus dem Evangelium. Krasse Worte. Man denkt beim ersten Satz vielleicht zunächst an eine besondere Sorte leicht verschrobener Menschen: die in die Sterne schauen, auf bestimmte Sternenkonstellationen warten und daraus die Zukunft deuten. Doch im zweiten Halbsatz ist es schon nicht mehr so harmlos: Es fällt einem der Tsunami ein, der vor einigen Jahren in Asien 100.000 Tote forderte. Da waren Menschen ganz gewiss bestürzt über das Donnern des Meeres. Selbst die, die die verwackelten Handyfilmchen der Katastrophe zu Hause in den Nachrichten sahen, saßen fassungslos auf ihren Sofas und rauften sich die Haare. Wer erinnert sich nicht mit Schrecken? »Die Kräfte des Himmels werden erschüttert werden« – das klingt danach, dass man sich auf nichts mehr wird verlassen können: kein Naturgesetz, keine Jahreszeiten. Nichts wird mehr Sicherheit geben.

In der Vorbereitungsgruppe des Gottesdienstes hatten wir uns klar gemacht, dass dies »apokalyptische Endzeitbilder« sind. Sie dienen nicht etwa dazu, alle Aufmerksamkeit auf Gott zu lenken, der erst ein großes Trara macht, bevor er mit Getöse wiederkommt und wie ein stures Kind seine Bauklötzchenwelt erst mal kaputt macht. Nein, nein. »Dann richtet euch auf«, heißt es, »denn eure Erlösung ist da.« Gott ist der, der alles heil macht.

Trotzdem sind die Bilder schwer zu verstehen. Und daher hatten wir uns gefragt: Wie kann man sie so übersetzen, dass junge Menschen sie heute verstehen? Also sammelten wir. Was bedeutet denn »Die Menschen werden vor Angst vergehen«? »Mir wird der Boden unter den Füßen weggezogen«, fanden manche, »etwas zerbricht in mir«, oder »mein Fundament ist weg, zerstört«. Dann beschrieben wir solche konkreten Situationen und Geschichten: Eine innere Emigration, die in eine Depression führt. Die Ökonomisierung der Schul- und Freizeit. Eine Generation von jungen Menschen in Spanien und Griechenland, die keine Arbeit findet und von anderen Europäern verspottet, beschimpft und gemobbt wird. Diese Geschichten – Ellipsen und gestammelte Worte – wurden dann im Gottesdienst in sehr kurzen Monologen vorgetragen. Dazu ließ dann jeder Sprecher im Gottesdienst einen Teller auf dem Boden zerbrechen, mit lautem Geschepper. Bei der dritten und letzten Geschichte zerbrach dann ein ganzer Tellerstoß. Sekundenlang krachte und klirrte es, als wolle es kein Ende nehmen. Unwirklich war das, mitten in der Kirche mit ihrem langen Nachhall. Zurück blieb nichts als ein Haufen Scherben. Über den stieg später der Priester, um das Evangelium zu lesen und über diesen Text zu sprechen, in dem es ja auch heißt: »Wenn all das beginnt, dann richtet euch auf, und erhebt eure Häupter; denn eure Erlösung ist nahe.«

Ich sag euch eins: Ich mag Bilder. Wie diesen knirschenden Scherbenhaufen. Auf ihn waren wir in der Gruppe gemeinsam gekommen. Vor allem wegen ihrer Bilder mag ich die Bibel, sie ist voll davon: Gestohlene Linsensuppen, ein Mensch in einem Wal, Posaunen vor einer Stadtmauer, David gegen Goliath, Schätze in Äckern, Ähren auf Feldern, verlegte Perlen, Licht unterm Scheffel, Dämonen in Schweinen, Witwen an Opferkästen. Ein Kind in einer Futterkiste. Ich mag Bilder: Wie oft schon stand ich staunend und, ja, sagen wir ruhig: ergriffen im Kölner Diözesanmuseum vor einer berühmten Installation von Josef Beuys: Zu sehen ist dort eine Munitionskiste, an die eine vertrocknete und entästete Fichte angelehnt ist. Mich hat dieses Bild sofort angefixt, weil es so viel erzählen kann über diese absurde Hoffnung jenseits aller Hoffnung, die aus dieser Kreuz/Weihnachtsbaum-Ikone spricht.

Oder ich habe mir wieder und wieder Szenen aus dem Dokumentarfilm »Young@Heart« angeschaut. Dieser Film erzählt, wie der besessene amerikanische Dirigent Bob Cilman einen Chor zusammenstellt, in dem sterbenskranke Senioren Rockklassiker singen. Eine Berufungs-, Passions- und Ostergeschichte in einem ist das, eine schreiend komische und todtraurige Liebesgeschichte des Lebens: wie die Kamera durch die windschiefen Zähne von Eileen Hall blinzelt, als sie die ersten Takte von »Should I stay or should I go« singt, nein: schreit. Wie der Chor auf der Fußballwiese in einem Gefängnis steht und »Forever young« anstimmt. Das in den Film eingebaute schräge Musikvideo mit der gecoverten Ramones-Nummer, die davon handelt, dass man gerne sediert, beruhigt und abgedämpft würde, fast bis zur Betäubung (»I wanna be sedated«).

Eine Szene ist besonders berührend. Der Film läuft auf einen bestimmten Höhepunkt zu. Der Chor hat wochenlang für ein großes Konzert geprobt. Kurz vor der Aufführung ist nicht klar, ob Fred Knittle, ein stark übergewichtiger Mann mit Silberscheitel und einer umwerfenden Johnny-Cash-Stimme, seinen Auftritt schafft. Aber dann tritt er auf die Bühne, mit Klappstuhl in der einen und Sauerstoffflasche in der anderen Hand, die alle paar Sekunden wie ein Metronom zischend Luft in seine Nase bläst. Mit einem Gänsehaut-Timbre in seiner Stimme stimmt er den Coldplay-Klassiker »Fix you« an, der an einer Stelle so geht:

»Lights will guide you home
And ignite your bones
And I will try to fix you.«

Was man so übersetzen kann:

»Lichter werden dich nach Hause führen
und deine Knochen werden Feuer fangen,
und ich werde versuchen, dich zu heilen.«

Da ist jedes Wort überflüssig. Ich rate dringend, dieses Stück mal bei youtube zu googeln. Ihr werdet mir zustimmen: Was willst du da noch über Hoffnung sagen oder gelehrt predigen? Oder irgendein gescheites Wort sagen über »Gott, der uns am Ende entgegen kommt« – was nicht Kitsch wäre oder einfach nur frech behauptet oder im Zweifel schwer daneben?

Der Philosoph und Theologe Klaus Müller findet, Bilder

vermögen insbesondere zweierlei: Sie haben einen »Moment des Asketischen«, wie er es ausdrückt, einen »Moment der Reduktion auf das Wesentliche«. Und sie besitzen die Fähigkeit, die »anthropologischen Tiefenschichten« zu treffen. Das heißt, Bilder sind nicht oberflächlich, sondern vermögen etwas ganz tief im Innern zum Klingen zu bringen. Müller selbst ist begeistert von Oliviero Toscani und seinen berühmten wie umstrittenen Fotografien für Benetton: dem Bild vom sterbenden Aidskranken, dem Hemd mit dem Durchschuss, dem Kuss von Priester und Nonne. Er habe diese Bilder sogar schon bei Exerzitien mit Ordensschwestern verwendet. »Die Schwestern konnten damit beten«, erzählt er. »Sie erkannten ihre Themen in den Bildern wieder, so etwa die Pieta (Maria mit dem toten Jesus auf dem Schoß) in der Mutter des Aidskranken.« Auch den Vorwurf der Kommerzialisierung lässt Müller nicht gelten. Er habe Toscani abgenommen, dass er über diese Bilder etwas über die Wahrheit des Lebens habe kommunizieren können.

Das Gespür für Reduktion und die Fähigkeit, anthropologische Tiefenschichten zu treffen – das beherrscht auch der gute Prediger, die gute Predigerin. Sie wissen, dass sie über das, worüber sie sprechen, niemals abschließend verfügen. Darin besteht übrigens auch der Sinn des Bilderverbotes im Judentum: Man will verhindern, dass man sich des Göttlichen bemächtigt. Ironischerweise scheint heute in der (katholischen) Kirche eine Art Götzenkult zu entstehen um das Wort von der »Stärkung des Glaubenswissens«. Dass es besonders darauf in der Verkündigung ankomme und somit Frage-Antwort-Katechesen wieder auftauchen, die eine Eindeutigkeit im Glauben suggerieren. Im Gegensatz dazu bleibt das Bild, das Erzählen offen – Gott sei Dank. Das bedeutet aber keinen Relativismus, keine Beliebigkeit.

Ein Gedanke in einer guten Predigt öffnet eine Tür in ein neues Gelände hinein. Ein guter Prediger ist also vor allem dies: ein Freund des Bildes, weil er weiß, dass er die Wirklichkeit Gottes nicht referieren und sie erst recht nicht in Formeln packen kann. Sondern nur darüber erzählen kann und im Erzählen immer wieder neu innere Bilder zum Klingen bringen. Im Idealfall für lange Zeit, für immer wäre ein Traum.

Peter Otten

DER HIMMEL GEHT ÜBER ALLEN AUF

Wilhelm Willms

*HöVi-Land 2013, Fotos:
© Reinhold Horz*

Aus der Heiligen Schrift:
Jesus sagte: »Ich gebe euch ein neues Gebot, dass ihr euch gegenseitig liebt, wie ich euch geliebt habe, damit auch ihr euch gegenseitig liebt. Daran werden alle erkennen, dass ihr meine Jüngerinnen und Jünger seid, wenn ihr Liebe untereinander habt.«

Johannesevangelium 13,34–35

UNSER PRODUKT IST SERVICE

»Geht raus, habt keine Angst und dient«, sagte der Papst in Rio den jungen Menschen beim Weltjugendtag 2013.

Das erinnert mich an die Worte von Adolf Kolping: »Tätige Liebe heilt alle Wunden, bloße Worte mehren nur den Schmerz.«

Nur Worte gehen in unserem Stadtviertel gar nicht. Es ist ein Quartier mit Erneuerungsbedarf, wie man heute sagt. Früher nannte man es Sozialer Brennpunkt, aber das ist es nicht mehr, auch dank des ökumenischen Engagements der evangelischen und katholischen Kirchengemeinden, zusammen mit den Muslimen und allen Menschen guten Willens.

Unser Kölner Erzbischof Kardinal Meisner sagt prägnant: »Liturgie ohne Diakonie ist Götzendienst.« So hart würde ich es nicht formulieren, aber es stimmt schon: Ohne das Engagement im Sozialraum des Veedels (Stadtteil) hätten wir wohl sonntags nicht eine volle Kirche.

Der erste Schritt begann vor 21 Jahren mit der Erkenntnis, dass Stadt*rand*erholung – also Kinder mit Bussen im Sommer zur Erholung ins Bergische Land transportieren – im Grunde bedeutete: Arme Kinder raus! Also Trennung, Exklusion. Keiner fühlte sich gut damit, weder die jugendlichen Gruppenleiter und der Gemeindereferent, der es organisierte, noch die Kinder. Es war in der Tat nicht richtig, die Kinder in einer Schule abzusetzen, die in den Ferien leer stand, und am Nachmittag zurück. Das war Segregation: Die bürgerlichen Kinder fuhren mit den Eltern in Urlaub, die armen Kinder ins Bergische Land. Es fühlte sich nicht gut an.

Zusammen mit der evangelischen Jugendleiterin und unserem Kaplan Ansgar Puff (der übrigens soeben Weihbischof geworden ist) überlegten wir in katholischem Pfarrgemeinderat und evangelischem Presbyterium nach dem

Dreischritt von Joseph Cardijn, der heute der »Stammvater« der Christlichen Arbeiterjugend ist.

Sehen: Die Stadtranderholung bewirkt nicht Zusammenhalt, eher betont sie die Trennung der sozialen Gruppen im Stadtteil.

Urteilen: Am besten wäre es, möglichst viele zu beteiligen. Also Kinder aus allen Schichten, Erwachsene aus dem Veedel, junge Leute als Leiterinnen und Leiter für feste Gruppen.

Handeln: Zusammen geht es am besten vor Ort. Dann können viele mitmachen.

Und schließlich auch noch ökumenisch. Das bedeutet: doppelt so gut und halb so teuer. Also sind im Leitungsteam der Kinderstadt die evangelische Jugendleiterin und der evangelische Pfarrer; von katholischer Seite zuerst der Kaplan, jetzt der Pastoralreferent und ein Sozialpädagoge, der auch Stadtteilmanager ist.

Entscheidend für den Erfolg der sommerlichen Kinderstadt, die immer in den ersten drei Wochen der Sommerferien stattfindet, sind allerdings nicht diese vier Hauptamtlichen, sondern die Ehrenamtlichen! Inzwischen gibt es die Kinderstadt zum zwanzigsten Mal. Der Name »HöVi-Land« ist aus den Anfangsbuchstaben unserer beiden Stadtteile gebildet: Höhenberg und Vingst. 2013 waren 590 Kinder in HöVi-Land dabei!

Jedes Jahr bilden wir etwa 100 Jugendliche als Leiterinnen und Leiter für die Kinderstadt aus. Sie sind Vorbilder der Kinder, auch das ganze Jahr über. Jeweils vier bis sechs Jugendliche leiten eine der 25 Gruppen. Die jüngeren Leiterinnen und Leiter sind »Schnupperleiter«, tragen also noch nicht die volle Verantwortung. Über 200 Erwachsene helfen mit, 17 Frauen in der Küche, gut 50 Rentner als Nachtwachen in mehreren Gruppen, andere organisieren und begleiten knapp 200 Ausflüge. Einige backen Kuchen, andere waschen die Handtücher, ein Arzt ist immer auf dem Platz in seiner Zeltpraxis in einem kleinen Wäldchen. Andere machen Workshops: Singen, Tanzen, Basteln... Im Cafe helfen viele mit. Sehr wichtig ist das Technik-Team, das die Kinderstadt schon eine Woche vorher aufbaut und die ganze Zeit Reparaturen erledigt. Fotos und kleine Filme finden sich unter www.hoevi- land.de.

Drei Aspekte sind wichtig. Sie spielen auch allgemein für das Zusammenleben im Stadtviertel eine große Rolle:

Zum Club gehören. Wer sich bei der Kinderstadt engagiert, gehört zum Club. Er oder sie gibt viel, kann aber sicher sein, dass er/sie auch Unterstützung erfährt, wenn einmal Hilfe gebraucht wird. Zum Beispiel bei der Suche nach einer Lehrstelle oder einer Wohnung. Auch bezahlen wir den Führerschein, wenn der nötig ist, um eine Arbeitsstelle zu bekommen.

Mal rauskommen. Die vielen Ausflüge in der Kinderstadt geschehen nicht mit Reisebussen, sondern mit öffentlichen Verkehrsmitteln. So lernen die Kinder aufzubrechen. Dies mag für bürgerliche Menschen normal sein, aber für viele bei uns ist es etwas Neues und Fremdes, mal aus dem Viertel heraus zu kommen.

Etwas können. In den drei Wochen probieren die Kinder vieles aus: Jonglieren, Tanzen, Singen, Einrad-Fahren, Basteln, Rätseln. Beim täglichen Bühnenprogramm führen sie ihre Fähigkeiten vor. Manche machen das Jahr über weiter, zum Beispiel in der Tanzgruppe, im Kinderchor, in der Einrad-Gruppe; oder auch bei den Pfadfindern, der evangelischen Jugend, der Katholischen Jungen Gemeinde oder den Messdienern.

Vom Rand in die Mitte. Dies könnte die Überschrift unseres sozialraumorientierten Ansatzes sein. Bei der Kinderstadt ist das auch territorial der Fall, die Zeltstadt ist fußläufig von den Wohngebieten in den Veedeln erreichbar. Für die

Engagierten bedeutet das: Alle Fähigkeiten sind wichtig, ob du nun der Arzt bist oder in der Küche spülst. Ob du die Ausflüge organisierst oder als Begleiter mitfährst. Gerade die scheinbar einfachen Aufgaben sind entscheidend! Ohne die Techniker, die Zeltbauer (alle Rentner), die Nachtwachen ginge es gar nicht. Übrigens putzt jeden Tag der evangelische Pfarrer die selbstgebauten Toilettenwagen. Dank kundiger Handwerker haben wir keine Dixi-Klos, sondern schöne WC-Wagen, auch mit Dusche. Und einen Gülle-Wagen zur Entsorgung.

Durch die Erfindung der Kinderstadt und die Erfahrung der Zusammenarbeit vieler im Veedel wurden weitere Aktivitäten angestoßen. Wir erwarben günstig einen alten Linienbus und bauten ihn zum Spielmobil um. Täglich fuhr ihn der Kaplan, später der Pastoralreferent auf einen anderen Spielplatz. Die evangelische Jugendleiterin organisierte die pädagogischen Dinge. Als der Bus zu alt wurde, stellten wir auf Spiele-Anhänger um, jetzt haben wir auf zwei Spielplätzen feste Container.

Damit HöVi-Land das ganze Jahr anhält, wurde die ökumenische Familienwerkstatt entwickelt. Mit Angeboten für Väter, Mütter, Kinder. Auch nur für Männer oder nur für Frauen. Der Nachfrage können wir kaum nachkommen. Hier gilt: Wie in der Kinderstadt sind nicht nur bürgerliche Menschen dabei und willkommen, sondern alle.

Unser Produkt ist Service. Dienst aneinander, gegenseitig. Ein beliebter Liedruf bringt es auf den Punkt: »Zueinander, füreinander, miteinander auf dem Weg«.

Wem das nicht fromm genug ist, der mag sich an Teresa von Avila orientieren: »Ob wir Gott lieben, wissen wir nie in unserem Leben ganz genau. Ob wir unseren Nächsten lieben, merkt man jeden Tag.«

Franz Meurer

EIN STÜCK VOM HIMMEL, EIN PLATZ VON GOTT, EIN STUHL IM ORBIT, WIR SITZEN ALLE IN EINEM BOOT!

Herbert Grönemeyer

Süddeutsche.de: Schlechter Einfluss durch die Freunde ist die eine Sache. Es gibt aber auch Kinder – egal in welchem Alter –, die gar keine Freunde haben. Wie können die Eltern ihnen helfen?

Psychologin Marion Pothmann: Manche Kinder leiden massiv darunter. Und es gibt andere, denen das weniger ausmacht. Generell sind gute soziale Kontakte natürlich wichtig, egal welches Maß der Einzelne braucht. Allerdings fällt auf, dass oft die Kinder wenige oder keine Freunde haben, deren Eltern auch nur die nötigsten sozialen Kontakte pflegen. Hier spielt das familiäre Vorbild eine sehr große Rolle. Ich rate Eltern, erst mal ihr eigenes soziales Leben aufblühen zu lassen. So lernen Kinder, wie man Freundschaften aufbaut und pflegt.

Quelle: Süddeutsche.de, 30.07.2012

Aus der Heiligen Schrift:

Leute aus dem Dorf brachten Kinder zu Jesus, damit er sie berühre. Aber die Jüngerinnen und Jünger herrschten sie an und schickten sie weg. Als Jesus das sah, wurde er wütend und sagte zu ihnen: »Lasst die Kinder zu mir kommen und hindert sie nicht daran, denn sie gehören zu Gottes Reich. Ja, ich sage euch: Nur wer Gottes Reich wie ein Kind aufnimmt, wird dort hineingelangen.« Und er nahm die Kinder in die Arme, segnete sie und legte die Hände auf sie.

Markusevangelium, 10,13-16

DAS WERTVOLLSTE AUF DER WELT

Im Herbst beginnt in unserer Gemeinde in Köln-Höhenberg/Vingst der Vorbereitungskurs mit den Kommunionkindern. Bei der ersten Heiligen Messe mit ihnen steht eine Schatzkiste vor dem Altar. Rätselfrage an die Kinder: In der Kiste ist das Wertvollste, was es überhaupt auf der Welt gibt! Was ist drin?

Einige Erwachsene haben Dollarzeichen in den Augen. Nein, kein Geld! Die Antworten kommen von Kindern wie Erwachsenen: Gold? Ein Herz? Luft zum Atmen? Die Bibel? Liebe? Gute Ideen, aber nichts davon ist drin.

Eine Dame sagt: Ein Spiegel? Das ist schon nah dran, aber noch falsch.

Was ist also drin? Natürlich ein Kind! Eine mutige Messdienerin oder ein Messdiener ist vorher hineingeklettert und schaut nun stolz aus der Kiste.

Dann sagt die Gemeindereferentin oder der Pastor: Das ist unsere Aufgabe als Erwachsene in der Zeit der Kommunionvorbereitung, nämlich euch Kindern rüberzubringen, dass jedes Kind mehr wert ist als alles Gold der Welt! Wenn wir dies nicht hinkriegen, haben wir Erwachsene versagt!

Nun die Frage an die Kinder: Wann habt ihr denn versagt? Kommunion heißt Gemeinschaft. Communio, ein lateinisches Wort, bedeutet Gemeinschaft, Zusammenhalten. Ihr Kinder habt versagt, wenn ihr zur Heiligen Kommunion geht und dann noch zu einem sagt: Hau ab, du stinkst, du spielst nicht mit! Wenn ihr andere ausschließt. Du bist nicht Superman, du bist nicht Supergirl, du bist nicht Spiderman. Aber, zusammen können wir das doch leicht schaffen: eine Supergemeinschaft sein! Das ist jetzt abgemacht: Jede und jeder gehört dazu, denn alle sind bei Gott gleich viel wert! Das meint Jesus, wenn er zum Brot des Lebens wird, sich an uns alle verteilt. Ihr Kinder bekommt ein Kreuz auf die Stirn gezeichnet und dazu wird euch gesagt: »Jesus liebt dich!« Du und du, du bist wertvoll. Und das sagt dir dann am Tag der Ersten Heiligen Kommunion auch die Eucharistie, das Brot des Lebens für alle: Du gehörst dazu, zur Gemeinschaft, zur Communio, du bist geliebt, du kannst lieben.

In den Deckel der Kiste werden die Fotos aller Kommunionkinder geklebt. Nach der Heiligen Messe wollen fast alle Kinder einmal in der Kiste sitzen. Wenn Sie die Idee mit der Kiste nachmachen wollen, empfiehlt es sich, ein Kissen in die Kiste zu legen und sie einen kleinen Spalt offen zu halten. Eindrucksvoll ist es, wenn die Kiste von zwei starken Helfern vor den Altar getragen wird.

Nach dem Rätsel mit der Kiste habe ich erzählt, was ich als junger Kaplan falsch gemacht habe. Einmal habe ich mir für Palmsonntag einen Esel vom Berg Drachenfels ausgeliehen, um den Einzug Jesu nach Jerusalem auf dem echten Esel in der Kirche nachzuspielen. Es war die reine Tierquälerei! Der Esel war sehr gutmütig und hat den Transport in einem VW-Bus klaglos mitgemacht. Aber der Kirchenboden war zu glatt und das arme Tier rutschte dauernd aus. Das mache ich nie mehr!

Der andere Fehler war genauso schlimm. Im Gottesdienst sagte ich den Kindern: Wir machen jetzt ein Spiel, und ließ zwölf Kinder nach vorne kommen. Dann habe ich bis elf abgezählt und gesagt: Wir spielen jetzt Fußball, da brauchen wir elf Kinder. Zum zwölften sagte ich: Dich brauchen wir nicht! Da lief das Kind weinend aus der Kirche, die Eltern hinterher. Es war einfach ganz schrecklich, ausgeschlossen zu werden! Natürlich habe ich das bereut und mit einem Geschenk versucht, bei dem Kind später um Verzeihung zu bitten. Das Kind hat mir verziehen, aber nicht wegen des Geschenkes, sondern weil ich versprochen habe, dies nie wieder zu machen.

Mutter Teresa hat gesagt: Die schlimmsten Krankheiten unserer Zeit sind nicht Aids, Lepra oder Krebs, sondern das Gefühl, unerwünscht zu sein, ungeliebt, von allen verlassen. Das ist der soziale Tod mitten im Leben.

Kommunion sagt: Du bist erwünscht, du bist geliebt, du bist nicht allein. Papst Benedikt XVI. hat es so auf den Punkt gebracht: Wer glaubt, ist nie allein!

Jesus hat bei der ersten heiligen Messe vor seinem Tod, an die wir uns am Gründonnerstag erinnern, durch eine Zeichenhandlung den Jüngern klargemacht, wie Gemeinschaft, also Kommunion geschenkt wird. Beim Letzten Abendmahl wäscht er den Jüngern die Füße. Dann sagt er: Wenn nun ich, der Herr und Meister, euch die Füße gewaschen habe, dann müsst auch ihr einander die Füße waschen! Später sagt er: Wie ich euch geliebt habe, so sollt auch ihr einander lieben. Daran können die Menschen erkennen, dass ihr zu mir gehört, dass ihr meine Jünger seid: dass ihr einander liebt.

Franz Meurer

HIMMEL UND HÖLLE SIND FÜR JEDEN WOANDERS
Ernst Ferstl

Man sei nicht gegen sozialen Wohnungsbau. Aber das neue Baulandmodell in Köln – wonach zukünftig bei jedem Bauprojekt 30% geförderter Wohnungsbau realisiert werden müssen – verschrecke Investoren. Es sei schlichtweg nicht möglich, dass alle Menschen in der Innenstadt oder in Stadtteilen wie Sülz, Klettenberg und Lindenthal wohnen. »Wem soll es dienen, in Marienburg sozialen Wohnungsbau umzusetzen?«, fragte Konrad Adenauer, der Vorstandsvorsitzende des Kölner Haus- und Grundbesitzervereins, provokativ. Die Bewohner von geförderten Wohnungen würden sich dort ohnehin deklassiert fühlen und die Investoren ein teures Grundstück nicht nutzen können. Der Haus- und Grundbesitzerverein schlägt vor, stattdessen Teile des Zehn-Punkte-Programms umzusetzen, das unter anderem eine stärkere Nutzung von Flächen entlang der Bahndämme vorsieht. »Die Förderbedingungen der KfW-Bank verhindern, dass dort geförderter Wohnraum entsteht, weil es zu laut sein soll«, sagt Adenauer. Dabei gebe es mittlerweile sehr gute Lärmschutzmaßnahmen. Deshalb sei es sinnvoll, wenn die Stadt mit der Deutschen Bahn verstärkt über solche Grundstücke verhandeln würde.

Quelle: Kölner Stadt-Anzeiger vom 19.11.2013

HINTER'M BAHNDAMM

Wem soll es dienen, dass Kinder aus Familien, deren Eltern sich nicht um die Bildung ihrer Kinder kümmern können, auf ein Gymnasium gehen? Sie würden sich dort doch nicht wohlfühlen und dann frustriert die Schule schwänzen, weil sie der Intensität im Unterricht nicht folgen könnten! Und sie würden doch nur ihre Eltern beschämen, weil sie sich mit Themen beschäftigen würden, die für sie doch böhmische Dörfer blieben!

Wem soll es dienen, dass arme und reiche Kinder zusammen in der Schule lernen? Die armen Kinder können sich die teure Markenkleidung sowieso nicht leisten, die Armada von Apple-Geräten, das Geld für die Schulfahrt nach Florenz oder den Schnuppernachmittag beim Judo! Und dann die großen Augen, wenn sie mit einem gebrauchten Fahrrad zur Schule radeln, während die anderen Kinder mit Muttis SUV bis vor den Haupteingang gekarrt werden! Die Folge wären doch nur Neidgefühle, die man den armen Kindern besser von vornherein erspart! Und die reichen Kinder können doch nun wirklich nichts dafür, dass die armen Kinder arm sind! Wozu ihnen also schlechte Gefühle machen?

Wem soll es dienen, dass sozial benachteiligte Menschen in Köln-Marienburg leben? In Köln-Sülz oder Lindenthal? Wäre ja noch schöner, wenn all die Marienburger mit ihren Golden Retrievern ihren schwarz bezahlten Gärtnern und Putzfrauen auch noch beim abendlichen Gassigehen begegneten! Das wäre doch für beide Seiten peinlich, wo man sich ansonsten aus dem Weg geht! Sollen sie doch am Bahndamm wohnen! Dann finden sie im Dunkeln auch schneller nach Hause, wenn sie sich einfach an den Gleisen orientieren. Und wenn sie sich an den Gleisen orientieren, brauchen sie kein Auto. Und wenn sie kein Auto brauchen, brauchen sie keinen Parkplatz. Und wenn sie keinen Parkplatz brauchen, ist es ruhiger. Und wenn es ruhiger ist, ist es nicht mehr schlimm, wenn die Bahn ein bisschen Krach macht.

Wem soll es dienen, wenn Flüchtlinge demnächst nicht nur in Köln-Kalk, sondern auch in -Müngersdorf leben? Singen Sie mal das FC-Lied! Da heißt es zwar, dass es in Nippes, Poll, Esch, Pesch und Kalk FC-Fans gibt, ja sogar in Prümm und Habbelrath, »üwwerall jitt et Fäns vum FC Kölle!« heißt es überschwänglich. Aber wenn man ehrlich ist: Von Adis-Abeba, Kairo oder Bagdad ist aber ... Moment ... nein, tatsächlich nicht die Rede.

Wem soll es dienen, dass die Politik versucht, Kinder von Einwandererfamilien an die Unis zu holen und ihnen zu guten Bildungsabschlüssen zu verhelfen? Besser schenkt man ihnen sofort reinen Wein ein, indem man ihnen erklärt, Ausländerkinder hätten bei Bewerbungen später sowieso keine Chance! Wer nimmt sich schon einen türkischstämmigen Anwalt (außer man ist Opfer der NSU geworden)? Welcher Hermann oder Jürgen wird einem Polizisten seinen Führerschein übergeben, der Abdul heißt? Welcher Günter oder Gerd wird sich von einem Kommissar 'ne Blutprobe ziehen lassen, der Karim heißt? Oder gar von einer Polizistin namens Günal oder Myriam? Eben!

Wem soll es dienen, dass Kinder in Köln-Vingst ein Musikinstrument lernen? Ihre Eltern haben sowieso kein Geld, um jemals eine Karte für die Philharmonie zu kaufen oder in die Oper zu gehen! Wahrscheinlich wissen die nicht mal, wie man Philharmonie buchstabiert! Und halten Mozart für einen Schokoladenfabrikanten und Schumann für einen Ex-Rennfahrer! Und von wegen, die finanzieren beide Kultureinrichtungen mit ihren Steuergeldern: Die könnten doch gar keine Steuern zahlen, wenn die Menschen aus Sülz und Lindenthal ihnen nicht Arbeitsplätze zur Verfügung stellen würden, wo sie Geld verdienen, wodurch sie überhaupt erst in die Lage versetzt werden, Steuern zahlen zu können! Eigentlich zahlen die Leute aus Vingst also gar keine Steuern! Im Grunde zahlen die Unternehmer aus Marienburg quasi die Steuern ihrer Arbeiter und Angestellten gleich mit!

Wem soll es dienen, wenn reiche Leute Erbschafts- und Vermögenssteuern zahlen? Dahinter steckt nur der Neid der Besitzlosen, die sich doch nicht vorstellen können, wie anstrengend es ist, ein Vermögen zu verwalten! Die doch wirklich noch nie eine schlaflose Nacht hatten, wenn die Reichen wieder mal keine Auge zu bekommen, weil unklar ist, ob der Ausgabekurs der neuen Aktien nun steigen oder fallen wird! Die einen können sich in ihrem Stockbett mit der wunderbar ausgeblichenen Baumwollbettwäsche genüsslich eine Runde umdrehen, während sich der andere, der Papi in Sülz, wieder mal auf das Gezeter seiner Tochter einstellen muss, weil der Mini nun doch nicht pünktlich zu ihrem Abi geliefert wird! Die armen Leute sollen doch froh sein, dass sie noch nie die Erfahrung machen mussten, dass Freundschaft käuflich ist! Und wie teuer das werden kann! Sie sollen froh sein, dass sie keine komplizierten Steuererklärungen machen und Horden von Anwälten Geld in den Rachen werfen müssen! Nicht Golf spielen müssen, obwohl sie Golf hassen! Kein Pferd samt Pferdeanhänger kaufen müssen – trotz Pferdeallergie!

Wem soll es dienen, dass sich Familien wie die Özguls mit ihren drei Töchtern oder die Kaszynskis, die nach dem Zusammenbruch des Kommunismus aus Kasachstan gekommen sind, in Köln ein Häuschen kaufen? Ach ja, ich weiß: Sie könnten Mitglieder im Haus- und Grundbesitzerverein werden. Und Herrn Adenauer beerben.

Wem soll es dienen, dass Gott manchmal sehr eindeutige Worte wählt? »Doch die Armen werden das Land bekommen, sie werden Glück in Fülle genießen«, singt der Psalmist (Ps 37,11ff.). »Der Frevler sinnt auf Ränke gegen den Gerechten und knirscht gegen ihn mit den Zähnen. Der Herr verlacht ihn, denn er sieht, dass sein Tag kommt.« Soll sich doch der Zynismus samt derer, die ihn zur politischen Leitlinie erklären, hinter den Bahndamm verziehen! Oder gleich zum Teufel. Gott weiß, wofür das gut ist.

Peter Otten

ALLES UNTER DEM HIMMEL GEHÖRT ALLEN

Titel einer Ausstellung zeitgenössischer chinesischer Kunst in Kassel 2012/13

BÜRGERHAUSHALT »SOLINGEN SPART!«

Ab Sommer 2009 unterzog sich die Verwaltung einem umfassenden sog. »produktkritischen Prozess« und entwickelte daraus ein Sparpaket mit 248 Einzelmaßnahmen und einem Gesamtvolumen von rund 45 Mio. Euro. Einschnitte in dieser Größenordnung wollten Rat und Verwaltungsspitze nicht ohne Beteiligung der Bürgerinnen und Bürger beschließen. Diese sollten daher zum ersten Mal umfassend in einem Konsultationsprozess einbezogen werden.

Von den 248 Maßnahmen wurden 78 mit einem Volumen von rund 22 Mio. Euro vom 04. bis 25. März 2010 auf dem Internetportal www.solingen-spart.de zur Bewertung gestellt. Dies waren die Sparvorschläge mit den unmittelbarsten Auswirkungen auf die Bürgerschaft. Hinzu kamen noch weitere 30 einschneidende Sparvorschläge, die in den Beratungen des Verwaltungsvorstandes verworfen und nicht dem Rat zur Entscheidung vorgelegt worden waren, aber dennoch zur Diskussion gestellt werden sollten. Die Teilnehmenden hatten die Möglichkeit, die Vorschläge mit pro und contra abzustimmen und zu kommentieren. Auch die Eingabe von eigenen Ideen in den Kommentarfeldern war möglich.

Quelle: www.engagiert-in-nrw.de/kommunen_engagement/, 26.11.2013

> Aus der Heiligen Schrift:
> Ein gutherziger Mann tut sich selbst Gutes;
> die Unbarmherzigen schädigen ihr eigenes Fleisch.
> Ungerechte Menschen erarbeiten trügerischen Gewinn;
> wer Gerechtigkeit sät, erhält sicheren Lohn.
> Wie Gerechtigkeit dem Leben, so jagt das Böse seinem Tod nach.
>
> Aus dem Brief des Apostels Paulus an die Gemeinden in Galatien 3,16-29

GROSSZÜGIG SPAREN

Einmal im Jahr gibt es den Weltspartag. Da geht es um Ansparen, nicht um Einsparen. Ansparen bedeutet Fett ansetzen für Notzeiten oder Anschaffungen, Einsparen meint den Gürtel enger schnallen, auf Ausgaben verzichten.

Viele Städte und Gemeinden müssen einsparen, weil sie hoch verschuldet sind. Oft gibt es dann eine Haushaltssperre. Alle Ämter der Kommune dürfen nichts Neues mehr anfangen, Stillstand. Nur das Notwendigste darf weiterlaufen.

Nicht selten treffen dann die Sparmaßnahmen die freiwillen Aufgaben der Kommunen, zu denen sie nicht per Gesetz verpflichtet sind. Also Jugendtreffs, Drogeneinrichtungen, Schwimmbäder, günstiger Eintritt für Familien in den Zoo. Es sind oft kleine Summen im Haushalt, die eingespart werden können, aber sie treffen gerade die Menschen, denen es nicht so gut geht.

Das Verhalten der Kommunen ist verständlich, denn oft bringen schon die Pflichtaufgaben sie an den Rand des Ruins, wie etwa die Städte im Ruhrgebiet. Verständlich, aber falsch. Denn soziale Probleme, die nicht angegangen werden, werden nur größer.

Was können wir Bürgerinnen und Bürger tun?

Zuerst einmal sollten wir den Menschen in den Räten der Städte und Gemeinden den Rücken stärken und dankbar für ihren Einsatz sein. Sie machen ihre Arbeit ehrenamtlich! Viele wissen das gar nicht!

Sodann sollten wir Vorschläge machen, wie sinnvoll eingespart werden soll, zum Beispiel indem wir uns am »Bürgerhaushalt« beteiligen, wo es ihn schon gibt.

Wir sollten den politisch Verantwortlichen klarmachen, dass sie nicht bei den Armen, den Familien und den Kindern sparen dürfen. Was man heute dort nicht investiert, wird später doppelt teuer. Drogenentzug, Heimunterbringung oder Gefängnisse sind einfach nur teuer.

Wir sollten uns ehrenamtlich engagieren. Nicht um zu ersetzen, was Aufgabe des Staates und der Kommunen ist. Wohl aber um aufzufangen und zu ergänzen, was der Staat jetzt nicht mehr leisten kann.

Es gilt auch zu überlegen, ob die Reichen nicht mehr beitragen können. Manchmal geschieht dies freiwillig. So haben sich weltweit 93 Milliardäre verpflichtet, die Hälfte ihres Reichtums für soziale Zwecke zu stiften, also jeweils mindestens 500 Millionen Dollar.

In der Politik laufen seit einiger Zeit die Überlegungen, ob und wie die Vermögens-, Erbschafts- und Einkommenssteuern verändert werden sollen. In der Demokratie entscheiden dies im letzten die Wählerinnen und Wähler.

Kardinal Joseph Höffner hat schon vor Jahrzehnten diesen Grundsatz der Christlichen Soziallehre formuliert: »Je breiter das Eigentum gestreut wird, desto mehr werden die Funktionskrisen des Eigentums gemildert und überwunden. Die Selbstverantwortung wird gestärkt und der Trend zum Versorgungsstaat gehemmt.«

Franz Meurer

DER GETEILTE HIMMEL

Christa Wolf

Quelle: Magazin Stern, Nr. 10/2013, 22.02.2013

Aus der Heiligen Schrift:

Jesus zog sich in einem Boot zurück an einen einsamen Platz, um allein zu sein. Die Volksmenge hörte davon und folgte ihm aus den Städten zu Fuß. Und als er ausstieg, sah er eine große Menschenmenge und hatte Mitgefühl mit ihnen. Da heilte er ihre Kranken. Am Abend kamen die Jüngerinnen und Jünger hinzu. Sie sagten: »Die Gegend ist unbewohnt und die Zeit ist schon überschritten. Schick' die Leute fort, damit sie in die Dörfer gehen und für sich Essen kaufen.« Jesus antwortete ihnen: »Es ist nicht nötig, dass sie weggehen. Gebt ihr ihnen zu essen.« Sie sagten zu ihm: »Wir haben hier nur fünf Brote und zwei Fische.« Und er antwortete: »Bringt sie mir her.« Er wies die Menge an, sich auf dem Gras zum Essen zu lagern, und nahm die fünf Brote und zwei Fische, blickte zum Himmel auf, sprach den Segen, brach die Brote und gab sie den Jüngern und Jüngerinnen; sie gaben sie dann den Menschen. Und alle aßen und wurden satt. Zwölf Körbe voll Überreste von den Brotstücken sammelten sie auf. Es waren etwa 5 000 Männer, nicht mitgerechnet Frauen und Kinder, die gegessen hatten.

Matthäusevangelium 14,13–21

TEILEN IST DAS NEUE HABEN

Zum Glück gibt es einen neuen Trend: »Teilen macht froh!« »Teilen ist das neue Haben«, titelte der »Stern« im Frühjahr 2013.

Car-sharing kennen die meisten schon. Man hat, mit anderen, ein Auto dann, wenn man es wirklich braucht. Gerade in der Großstadt wird ein Auto ja sonst auch zur Last. Mit Fahrrad oder Straßenbahn geht es meistens schneller. Aber manchmal tut ein Auto doch not, zum Beispiel für den Ausflug zur Oma aufs Land.

Der Grundsatz des neuen Trends lautet: In der Welt gibt es eigentlich von allem genug, vieles wird aber schlecht genutzt. Durch das Internet ist es leicht möglich geworden, sein Eigentum mit anderen zu teilen. So gibt es in Berlin inzwischen 6.000 Betten in Privatwohnungen, die zur Übernachtung angeboten werden. In New York übertrifft das Angebot von »Bed and Breakfast« inzwischen die Zahl der Hotelzimmer. Der Titel der Internet-Vermittlung hört sich seltsam an: »Air Bed and Breakfast«. Air, Luft, steht hier für »Luftmatratze«, will sagen, es ist ein einfaches Übernachtungsangebot, vielleicht auf einer Luftmatratze.

Nutzen statt zu besitzen, tauschen statt kaufen. Es ist der alte Gedanke des Nießbrauchs, der sich hier Bahn bricht. Tauschringe, Genossenschaften und Kooperativen gibt es schon lange. Die Leihbüchereien auch. Doch jetzt bekommt das Teilen durch das Internet eine neue Dynamik.

Jesus hätte dies sehr gefallen. Er stand auf Teilen. Als 5.000 Menschen versammelt waren und es Abend wurde, sagten die Jünger: Chef, schick die Leute in die umliegenden Dörfer, damit sie sich etwas zu essen kaufen. »Gebt ihr ihnen zu essen«, meinte Jesus. Doch wie?! Da ist nur ein Kind, das hat gerade mal fünf Brote und zwei Fische. Was ist das für so viele?

»Verteilt das«, sagt Jesus den Jüngern. Sie tun es, aber sie denken: »Der Chef spinnt ja.« Das Wunder geschieht, es ist für alle genug, und es bleiben noch zwölf Körbe mit Brot übrig.

Natürlich ein Wunder. Das Wunder des Teilens. Food-sharing eben.

Die große Wirtschaftsidee des Teilens beginnt mit Foodsharing. In der Familie sind die Kinder lange davon abhängig, dass die Eltern das Leben mit ihnen teilen. Wenn die Eltern dann alt sind, geht es andersherum: Die Kindern kümmern sich um die Eltern. Dieser stillschweigende Familienvertrag war bis zur Industriellen Revolution die entscheidende Lebensversicherung! Dann kam die Rentenversicherung als Generationenvertrag, weil die Familien es alleine nicht mehr schaffen konnten.

Aber schon vor der Entwicklung der Sozialversicherung im 19. Jahrhundert gab es Formen des Teilens. Schon im Alten Testament fordern die Propheten dringend dazu auf, die Armen, Witwen und Waisen zu unterstützen. Die Missachtung der Witwen und Waisen gilt als himmelschreiende Sünde! Im Neuen Testament wird dann die Vorenthaltung des gerechten Arbeitslohnes als Sünde bezeichnet, die zum Himmel schreit.

Der griechische Denker Aristoteles hat den Gedanken der Verteilungsgerechtigkeit entwickelt. Die Christliche Soziallehre greift das auf und fordert, dass alle Menschen ein

Recht haben auf Wohnung, Kleidung, Nahrung und Teilnahme am sozialen und kulturellen Leben.

Teilnahme am sozialen Leben geschieht durch die Arbeit. Für die Christliche Soziallehre ist Arbeit nicht nur ein Grundrecht, sondern sogar ein Grundwert! Denn der Mensch ist zur Arbeit geboren wie der Vogel zum Flug, so hat es schon Papst Pius XII. formuliert. In der Arbeit wirken wir Menschen mit am Schöpfungswerk Gottes, sagte Papst Johannes Paul II. Was das für den Skandal der Arbeitslosigkeit in vielen Ländern Europas bedeutet, liegt auf der Hand: Er kann nicht hingenommen werden! Papst Benedikt XVI. hat Unternehmer wie Gewerkschaften dringend dazu aufgefordert, daran mitzuwirken, möglichst allen Menschen die Chance der Arbeit zu bieten. Ein großes Problem ist, dass es immer weniger einfache Arbeitsplätze gibt. Einfache Arbeiten machen die Maschinen. So gilt es, neue Arbeitsplätze zu erfinden, zum Beispiel in der Pflege alter Menschen.

Es gibt neue Ideen, um die Güter der Erde zu teilen und alle Menschen am sozialen Leben zu beteiligen. Der Gedanke des Grundeinkommens für alle geht davon aus, dass eine reiche Gesellschaft es schaffen kann, das Lebensnotwendige ohne Gegenleistung allen zur Verfügung zu stellen. Fragwürdig ist, ob ein Grundeinkommen *ohne* Gegenleistung sinnvoll ist oder nur die Faulheit stärkt. Persönlich bin ich der Überzeugung, dass jede und jeder gerne arbeiten möchte, allerdings zu einem gerechten Lohn und unter menschenwürdigen Bedingungen. So scheint mir der Mindestlohn ein Schritt in die richtige Richtung zu sein.

Franz Meurer

DER HIMMEL VERSINKT IM MEER
Aus einer Werbung für Urlaub am Roten Meer

ODER ABER
Entweder man hat mir
das Leben aufgebrummt
bleut mir seine Regeln ein
und knöpft mich vor
wenn ich sie nicht begreife
niemand baut mir
Eselsbrücken
Oder aber der Sterne
Wolken Haare Sand
und Tränen zählen kann
zählt auch mein Haar
und meine Tränen
und alle Tage meiner Flucht
und lässt mich innewerden
dass er den Grund des Meeres
zum Wege machen und mich
hindurchgehen lassen kann
Eva Zeller

> Aus der Heiligen Schrift:
> Mose streckte seine Hand über das Meer aus und der Herr trieb die ganze Nacht das Meer durch einen starken Ostwind fort. Er ließ das Meer austrocknen und das Wasser spaltete sich.
> Die Israeliten zogen auf trockenem Boden ins Meer hinein, während rechts und links von ihnen das Wasser wie eine Mauer stand.
> Aus dem Buch Exodus 14, 21-22

DAS ROTE MEER VOR LAMPEDUSA

Vor zwei Tagen ist in Lampedusa ein Boot gesunken, zwanzig Meter lang. 450 Menschen hat es über das Mittelmeer getragen. Das sind vier pro Quadratmeter. Vor der Küste angekommen, haben die Passagiere auf sich aufmerksam machen wollen und eine Decke als Leuchtfeuer angezündet. Dabei hat sich ausgelaufener Treibstoff entzündet. Das Feuer griff auf das Boot über. Daraufhin flüchteten sich die verängstigten Menschen auf eine Seite des Bootes, das Schlagseite bekam, kenterte und sank. Es sollen Fischerboote vorbei gefahren sein, ohne zu helfen, auch Hafenbehörden sollen untätig geblieben sein. Beschuldigungen und Dementis auf allen Seiten. Ein Gesetz aus dem Jahr 2002 verbietet es in Italien, Menschen bei der illegalen Einreise zu helfen. Von 450 Passagieren konnten 155 gerettet werden. 111 Leichen wurden bislang geborgen, schreiben heute die Zeitungen. Fernsehbilder zeigen das Wrack. Die schäumenden Tänze der Wellen lassen es verblassen, legen Schlieren vor den Blick hinunter wie durch eine schlecht geputzte Fensterscheibe, 50 Meter in die Tiefe, verschleiern den Totenreigen von 300 Afrikanern.

Die Menschen auf dem Boot vor Lampedusa wollten doch nur das, was uns Europäern total selbstverständlich ist: Sie wollen einfach nur ihr Glück finden. Es sind Armutsflüchtlinge! Sagen dann einige. Und müssen daran erinnert werden, dass die Vorfahren des ehemaligen amerikanischen Präsidenten John F. Kennedy und Hunderttausende andere Familien selbst Armutsflüchtlinge waren, als sie im 19. Jahrhundert vor der Kartoffelpest flohen und in die Vereinigten Staaten einreisten. Diese Krankheit raffte in Irland seinerzeit eine Million Menschen dahin. Oder vielleicht sollten sie sich mal ins Kino setzen und den Film »Die andere Heimat« anschauen. Edgar Reitz erzählt da in fast vier Stunden Geschichten über die Armut im Hunsrück im vorletzten Jahrhundert und wie die Menschen versuchen, sie durch Flucht hinter sich zu lassen. »Chronik einer Sehnsucht« heißt der Film im Untertitel. Die Sehnsucht zum Beispiel von Jakob Schneider, der sich mit Hilfe von Abenteuerbüchern nach Brasilien sehnt, um dort ein neues Leben zu beginnen. »Ein süßliches Heimatfilm-Happy-End ist das nicht«, heißt es in der »Welt« über den Film. »Dazu sind im Verlauf der Erzählung zu viele Kinder gestorben. Die Bilder des hageren Landarztes in seiner Hilflosigkeit gegen die Diphtherie-Epidemie haften im Gedächtnis ebenso wie die stumm verzweifelten Abschiede, wenn sich wieder einmal Familien in die langen Auswanderertrecks einreihen. Hunderttausende wurden so in wenigen Jahrzehnten aus Südwestdeutschland hinausgespült.«

Mein eigener Großvater war so eine Art Armutsflüchtling, als er vor dem letzten Weltkrieg aus der Armut Westfalens ins Rheinland kam, um dort einen verlassenen Bauernhof zu übernehmen (was für ihn als Schreiner, wie er meinte, unter seiner Würde war), um dann endlich eine Familie gründen zu können. Ohne seine Flucht gäbe es meine Familie nicht. Ist es da nicht merkwürdig, dass wir das, was für uns selbstverständlich ist, ja sogar Teil des Gründungsmythos von Familien oder Nationen, anderen mit einer unglaublichen Akribie verwehren?

Jedes Jahr zum Osterfest erzählen sich die Christen einen wichtigen Grundmythos ihrer eigenen Religion. Sie berichten wieder und wieder, wie Gott selbst sein Volk, das müde und dezimiert ist von der jahrhundertelangen Sklaverei in Ägypten, in die Freiheit führt. Die Geschichte ist kompliziert, mitunter brutal und spannend und hat ein langes Präludium: Da überfallen Heuschrecken das Land, färben sich die Flüsse rot, regnen Frösche vom Himmel, wird in aller Eile Brot gebacken, werden die ältesten Söhne der Ägypter erschlagen. Gott zieht also quasi alle Register, um zu zeigen, dass Ungerechtigkeit und Ausbeutung nicht sein dürfen. Und die Freiheitsgeschichte Israels erklimmt einen dramaturgischen Höhepunkt mit der Schilderung des Durchzugs durchs Rote Meer: »Die Israeliten zogen auf trockenem Boden ins Meer hinein, während rechts und links von ihnen das Wasser wie eine Mauer stand«, lesen wir in der Bibel. Und als sie das andere Ufer erreichen, und als sie sehen, dass die Armee des Pharao, die ihnen gefolgt war, mit Ross und Reitern und Streitwagen in den zurückdrängenden Fluten versinken: Ja, da singen sie aus Leibeskräften, sie singen und tanzen alle Anspannung, alle Todesangst hinweg.

Im Mittelmeer vor Lampedusa, aber auch in den Gewässern vor Malta und Griechenland türmt sich das Meer nicht zur Seite. Frontex, die hochgerüstete Grenzsicherungstruppe der Europäischen Union, sorgt im Normalfall, der zugleich ein europäischer »Idealfall« ist, dafür, dass die klapprigen Boote nicht europäische Hoheitsgewässer erreichen. Der Durchzug der Flüchtlinge, von dem wir partout nicht wollen, dass er eine Freiheitsgeschichte genannt wird, endet selten mit erleichtertem Tanz, zu oft hingegen mit Totenklagen, falls die ertrinkenden Menschen überhaupt registriert werden oder irgendjemanden interessieren.

Das Gedicht der 90jährigen Schriftstellerin Eva Zeller, das ich ebenfalls in diesen Tagen gefunden habe, wirkt, als sei es von einem vor Lampedusa Ertrinkenden gesprochen worden: Leben, das nicht gelebt wird, sondern aufgebrummt. Menschen, von anderen Menschen nicht erwartet, sondern vorgeknöpft. Keine Eselsbrücken in die Freiheit. Vielleicht vermochte der Ertrinkende wie die Dichterin auf Gott zu hoffen, von dem das biblische Zeugnis ja sagt, er zähle Haare und Tränen und könne auch den wankenden Meeresgrund zu einem Weg in die Freiheit machen. Es ist anders gekommen, vor Lampedusa. Seine Sehnsuchtsgeschichte wird aber nicht mehr verklingen, nicht nächstes Jahr am Osterfest und nicht danach; und Christen werden sie hören, wieder und wieder, und sie wird weh tun, wenn sie die Kerzen entzünden und jubeln und singen und dem Gott danken, der sie einst in die Freiheit führte.

Peter Otten

KOMMT, WIR WOLLEN UNS BEGEBEN JETZO IN SCHLARAFFENLAND!

August Heinrich Hoffmann von Fallersleben

*Logo der NMELV-Kampagne »Zu gut für die Tonne«
Quelle: Bundesministerium für Ernährung, Landwirtschaft
und Verbraucherschutz, www.bmelv.de, 13.03.2012*

Aus der Heiligen Schrift:

Bereits in den Tagen Salmanassars war ich barmherzig gewesen und hatte meinen israelitischen Schwestern und Brüdern viel Gutes getan. Meine Speisen hatte ich den Armen gegeben und die Kleider den Nackten, und wenn ich gesehen hatte, dass verstorbene Angehörige meines Volkes hinter die Mauer Ninives geworfen worden waren, hatte ich sie beerdigt.

Aus dem Buch Tobit 1,16-17

ZIEMLICH NAIV

Wie können wir Lebensmittel wegwerfen, wenn anderswo auf der Welt Kinder hungern?!

Wer einen solchen Satz sagt, gilt als ziemlich einfältig, außer vielleicht er ist der Papst. Der sagte diesen Satz und formuliert fast täglich ähnlich einfache Botschaften. Beinahe wie im Kindergarten:

Teilen macht froh!
Vertragt Euch doch!
Gemeinsam ist besser als einsam.
Meine Schwester ist Lehrerin in Frankreich und hat mir erzählt, dass dort die Kinder in den Schulen und Kindergärten vor einiger Zeit alle ein Paket Reis mitbringen sollten: für die hungernden Menschen in Afrika.
Wie einfältig, wie naiv, werden die meisten sagen. Klar, so wird der Hunger nicht beendet. Aber vielleicht verändert sich ja das Bewusstsein!
Stephane Hessel, der französische Diplomat und Denker, der im Februar 2013 in Paris starb, schrieb mit 93 Jahren in seiner Denkschrift »Empört Euch!«: »Das Schlimmste ist die Gleichgültigkeit.« Gleichgültig gegen die Schere zwischen Reichen und Armen, die Diktatur des Finanzkapitalismus, die Umweltzerstörung. Sein Pamphlet, millionenfach verbreitet, ist ein Rundumschlag. Dem folgt sein Aufruf »Engagiert Euch!«, der auch weltweit wahrgenommen wurde.
Papst Franziskus spricht von der »Globalisierung der Gleichgültigkeit«. Nichts sehen, nichts hören, nichts sagen. Die drei Affen sind Weltbürger geworden.
Das Wort naiv kommt, wie die Idee mit den Reispaketen, aus Frankreich. »Naif« heißt im Französischen: angeboren, von Natur aus.
Das wäre doch was, wenn wir einfach von Natur aus, wie angeboren, nicht hinnehmen würden, dass Menschen hungern, während wir im Überfluss nach Diäten suchen und Lebensmittel wegwerfen.
Ziemlich naiv, ziemlich einfach. Es ist einfach, nicht kompliziert. Zugleich: schwer und nicht leicht. Es ist politisch. Als Kardinal in Argentinien hat sich Franziskus mit der Regierung angelegt. Er sagte: Argentinien könnte 300 Millionen Menschen ernähren, so reich ist es mit landwirt-

schaftlichen Flächen gesegnet. Jetzt hat es 40,5 Millionen Einwohner. Doch fast die Hälfte der Menschen lebt in Armut. Da stimmt etwas nicht. Ganz einfach. Ziemlich naiv.

Franz Meurer

SPÄTESTENS IM HIMMEL ERWARTET UNS EINE MULTIKULTURELLE GESELLSCHAFT

Michael Richter

Essen. »Süßes, oder es gibt Saures« – am Donnerstag ist Halloween. Für Kinder eine willkommene Gelegenheit, den eigenen Zuckerspiegel langsam auf die süßen Feiertage St. Martin, Nikolaus und Weihnachten einzustellen. Einige Katholiken würden auf den neumodischen Brauch am Abend vor Allerheiligen gerne verzichten – und haben jetzt eine Anti-Halloween-Aktion gestartet, die den Kindern gar nicht schmecken dürfte: Mit einem Kürbis-Plakat und dem Slogan »Komm, spiel mit uns!« werden sie angelockt. Statt der erhofften Süßigkeiten gibt es dann aber nur einen Gutschein, einzulösen am 6. Januar. Und zwar als Sternsinger.

Ausgedacht hat sich die Aktion der christliche Blog frischfischen.de. Das Bistum Essen unterstützt das »Gewinnspiel«. »Wir sollten Brauchtum pflegen und nicht importieren«, erklärt Stefan Lesting von Frischfischen die Idee der Anti-Halloween-Kampagne. Auf seinem Blog bietet er das Din-A4-Plakat zum Download an. Hausbesitzer sollen es sich ausdrucken und an die Türe kleben.

Wz-online, 29. Oktober 2013

> Aus der Heiligen Schrift:
> Danach sah ich: eine große Schar aus allen Nationen und Stämmen, Völkern und Sprachen; niemand konnte sie zählen. Sie standen in weißen Gewändern vor dem Thron und vor dem Lamm und trugen Palmzweige in den Händen. Sie riefen mit lauter Stimme: Die Rettung kommt von unserem Gott, der auf dem Thron sitzt, und von dem Lamm.
>
> Aus der Offenbarung des Johannes 7,9-10

KRIEG DER KÜRBISWELTEN

Eine der am meisten beeindruckenden Ecken im Rautenstrauch-Jost-Museum in Köln ist die Abteilung, in der Totenkulte verschiedener Kulturen und Religionen vorgestellt werden. So erfährt man beispielsweise von einem bemerkenswerten Brauch auf der Insel Bali. Dort werden die Toten nach einigen Jahren von den Angehörigen wieder ausgegraben. Sie waschen die Gebeine und verbrennen sie anschließend. Die endgültige Reise ins Jenseits beginnt. Oder man steht beeindruckt vor einem mexikanischen Altar, einer Mischung aus barocken und vorkolonialen Stilelementen, der liebevoll mit Postkarten der örtlichen Heiligen, mit Totenköpfen aus Zucker, mit Obst und Gemüse und mit Fotos und Erinnerungsstücken der Toten dekoriert ist. Allerheiligen feiert man in Mexiko nämlich den »Tag der Toten« – ein Fest, in dem sich indigene Kulturtradition mit katholischer Frömmigkeit vermischt. Die Mexikaner glauben, dass die Toten an diesem Tag die Erlaubnis bekommen, die Lebenden zu besuchen, die ihrerseits dann ihre toten Ahnen bewirten: »Dazu werden cohetes (Kracher und Knallkörper) geknallt und laute Fiestas auf den Friedhöfen veranstaltet«, schreibt Anabel Cantú Flores Reimann, eine mexikanische Protestantin. »Die Familien – besonders aus der Unterschicht und aus der indigenen Bevölkerung – bereiten die Lieblingsspeisen ihrer Toten zu und gehen zu den Gräbern. Dazu nehmen sie ausreichend Tequila, Mezcal oder Bier mit und trinken, essen und feiern bis in die Morgenstunden.«

Vor dem Allerheiligenfest am 1. November kommt der 31. Oktober, der einerseits der Reformationstag ist. Andererseits ist da seit einigen Jahrzehnten das Phänomen Halloween. Und in den letzten Jahren gab es zahlreiche kirchliche Warnungen und Appelle, das ausufernde Feiern von Halloween sei ein weiterer Versuch der säkularen Welt, traditionelle christliche Bräuche zu übertünchen. Wieder werde lärmende Äußerlichkeit statt dringend nötiger Innerlichkeit in den Mittelpunkt gerückt. Man solle traditionelle Bräuche feiern, statt sie zu importieren – als sei das Christentum mit all seinen Ausdrücken wie ein fertiger Baukasten ausgeliefert worden und nicht vor allem ein Ergebnis jahrhundertelanger Inkulturation. Die Initiative aus Essen warb dafür, Süßigkeiten sammelnden Kindern nichts zu geben, sondern sie zum Sternsingen einzuladen mit dem Hinweis, dann gebe es Süßes und auf keinen Fall Saures. Verkleiden mit anderen Kindern an sich reicht wohl nicht, moralin wird noch die gute Tat hinterhergeschoben, die eine kleine Gemeinschaft verkleideter Gespenster offenbar nicht zu tun vermag. Das führte zu heftigen Diskussionen im Internet. Ein plumper Missionierungsversuch, hieß es dort zum Beispiel. »Das ist ungefähr so souverän, als würde BMW Anzeigen schalten, in denen ausschließlich steht, dass Mercedes ein uncooles Auto ist«, schrieb ein sechzehnjähriges Mädchen. Touché!

Wie auch immer man zu Halloween stehen mag: Es fällt nicht zufällig auf die Nacht vor Allerheiligen. Allerheiligen ist der Gedenktag der christlichen Märtyrer. Das sind die, die ihr Leben gelassen haben für die gute Sache des Glaubens. Und das war für frühere und auch noch heutige Christen derart bedeutsam, dass sie das Leben der Märtyrer aufgeschrieben und nicht selten verklärt haben. Oft haben Hagiographen, also Schriftsteller der Heiligengeschichten, hier und da noch eine Schüppe Drama draufgelegt, vor allem wenn es um Leiden und Tod ging. Da ist vom Bewerfen mit Bleiklötzen die Rede, von tagelangen Folterungen oder auch vom langsamen Sterben auf einem Grillrost wie beim heiligen Laurentius. Diese Übertreibungen mögen für heutige Ohren einerseits merkwürdig erscheinen. (Beim Blick auf heutige Säulenheilige und ihre Verehrung in den Heiligenverzeichnissen unserer Zeit wie beispielsweise »Bunte«, »Gala«, »Glamour« oder anderen Zeitschriften, die gewöhnlich beim Arzt oder Friseur zu finden sind, erscheinen sie wiederum allzu normal. Beim Blick auf Fanseiten im Internet erst Recht.) Christen empfanden in vielen Zeiten Unterdrückung und Bedrohung ihres Lebens oftmals sehr real. Und sie waren stolz auf die, die vor ihnen gelebt hatten, weil sie sich mit ihnen verbunden wussten, auch über den Tod hinaus.

Der Tag Allerheiligen hat also viel mit dem Tod zu tun und auch mit der Auferstehung und der Hoffnung auf das ewige Leben. Denn über die Märtyrer hinaus geht es um alle Verstorbenen, also auch die eigenen Angehörigen und Freunde und die uralte Hoffnung, dass sie nicht im Fegefeuer oder gar in der ewigen Verdammnis landen mögen. Viele gehen in diesen Tagen zu den Gräbern ihrer Angehörigen und stellen eine Kerze, ein »Ewiges Licht«, auf. Zudem: Neben dem Gedanken an den Tod oder die höllische Einsamkeit kündigt sich in der Zeit um den Beginn des Novembers auch die tiefe Dunkelheit des Winters an.

Kann man Halloween dann nicht als einen spielerischen Umgang mit diesen Düsternissen akzeptieren, der einfach ok ist?

»Die Vergänglichkeit wird durch das Skelett im Vorgarten quasi durch die Hintertür wieder zugelassen«, sagt die Volkskundlerin Sabine Wienker-Piepho. Die ausgehöhlten und illuminierten Kürbisköpfe sind aus dieser Perspektive also eine Art niederschwelliger Umgang mit dem Tod und, mit viel Abstand betrachtet, womöglich so etwas wie eine Erinnerung an Ostern gerade beim Eintritt in die Jahreszeit, in der der Gedanke an die österliche Sonne so endlos

weit weg ist. »Süßes oder Saures?« wäre dann die volkstümliche Übersetzung der Frage »Worauf hoffst du?«, die für einen Christen natürlich beantwortet ist: »Auf Süßes!«
»Wir dürfen unsere christliche Kultur nicht von heidnischer Unkultur verdrängen lassen«, sagte dagegen der Bamberger Erzbischof Ludwig Schick und schwingt das ganz große Rad. Oder aber man hängt anderswo gleich Warnschilder an die Tür. Schlechte Kürbisse sind hier nicht willkommen, heißt es dort, dagegen Sängerinnen und Sänger in der Tradition des guten St. Martin schon. Halloween bleibe ein »bescheuertes Fest. Destruktiv. Blöd. Ersatz für das traditionelle Sankt Martin, an dem – äh – andere Werte vermittelt werden«, heißt es in einem Internetblog. Dann folgt noch der obligatorische Verweis auf den bösen Konsum. Mal ehrlich: Gäbe es fromme Pilger ohne Kommerz? Santiago de Compostela? Den Kölner Dom? Die Gebeinekammer von St. Ursula in Köln? Die Pfarrkirmes? Kirchweih? Und wo bleibt der christliche Boykottaufruf angesichts des alljährlichen Weihnachtskonsums? Ist Weihnachten so gesehen nicht mindestens genauso »bescheuert«?
Beunruhigend jedenfalls ist die Beobachtung, dass die Kirche auf kulturelle Herausforderungen stets mit Erschrecken, Abwehr, theologischen Verkürzungen und dem Aufruf nach eigener Profilierung reagiert. Weil sie zunehmend vergessen hat, dass sie ihre eigene Gestalt mannigfaltigen Prozessen der Inkulturation verdankt. Stattdessen heißt es: Böser Kürbis, guter König. Böse Welt, gute Kirche. Ein guter Schuss Überheblichkeit steckt darin. Erst die weihnachtsmannfreie Zone, dann die kürbisfreie Zone. Ob Papst Benedikt das mit Entweltlichung gemeint hat? Sicher nicht. Denn neben Heiliger Schrift und Tradition bleibt die Welt der Ort, wo Offenbarung geschieht. »Offenbarung geschieht dort, wo Menschen die Liebe Gottes leben, auch außerhalb

der Kirche«, sagt Erwin Dirscherl. Womit wir beim biblischen Bild vom Anfang sind: Johannes beschreibt in seiner Vision eine offensichtlich überwältigende Menge von Menschen aus allen Stämmen und Nationen, so groß, dass sie nicht zu zählen sind. Was sie eint und geradezu bildlich gleich macht, ist der Gedanke, dass die Rettung aller allein von Gott kommt. Niemand hat da einen Vorteil. Es mag für manche Christen beunruhigend sein. Für die Schöpfung aber ist gerade das erlösend: dass nicht die Christen den Großhandel mit Gottes Liebe betreiben, sondern dass diese dort aufscheint, wo nichts und niemand damit rechnet.

Peter Otten

IM PARADIES STEHEN KEINE ROTEN AMPELN

Margot Käßmann

WELCHES AUTO PASST ZU MIR?

Soll es sportlich sein? Klein und wendig? Oder luxuriös? Seht ihr das Auto als Status-Symbol oder haltet ihr euch da an die rein praktischen Aspekte wie Stauraum, Kosten und Benzinverbrauch? So manche Beziehung zu einem Auto hält länger als die zu einem Mann. Da lohnt es sich, einen Moment länger darüber nachzudenken, welches Auto zu euch, eurem Leben und euren Bedürfnissen passt. Vielleicht hilft euch ja unser Test dabei!

Frage 1:
Euer Auto soll ...

○ *Eindruck schinden und ordentlich PS unter der Haube haben.*

○ *praktisch sein und nicht viel Benzin verbrauchen.*

○ *viel Platz bieten und in jedem Gelände zurechtkommen.*

○ *Spaß machen und besonders sein.*

Quelle: www.jolie.de, 04.09.2013

Aus der Heiligen Schrift:

Jesus lehrte seine Jüngerinnen und Jünger: Sorgt euch nicht ängstlich um euer Leben, was ihr essen oder was ihr trinken sollt, auch nicht um euren Körper, was ihr anziehen sollt. Ist nicht das Leben viel mehr als Essen, der Körper viel mehr als Kleidung? Seht euch die Vögel des Himmels an: Sie säen nicht und ernten nicht, sammeln auch keine Vorräte in Scheunen – und Gott, Vater und Mutter für euch im Himmel, ernährt sie. Sollte es bei euch so viel anders sein? Könnt ihr euren Lebensweg auch nur um eine kurze Strecke verlängern, indem ihr euch Sorgen macht? Und was sorgt ihr euch um Kleidung? Betrachtet die Blumen auf den Feldern, wie sie sich im Wachsen entfalten: Sie mühen sich nicht ab und sie spinnen nicht. Doch ich sage euch: Nicht einmal Salomo in all seinem Glanz war schöner gekleidet als eine dieser Feldblumen. Wenn aber Gott selbst die Gräser auf dem Feld so kleidet, die heute da sind und morgen in den Ofen geworfen werden – warum fehlt euch dann das Vertrauen, dass Gott umso mehr für eure Kleidung sorgt? So hört nun auf, euch zu sorgen und zu fragen: Was sollen wir essen? Oder: Was sollen wir trinken? Oder: Womit sollen wir uns kleiden? Auf all dies richten die Menschen der Völker ihren Sinn. Gott, Vater und Mutter für euch im Himmel, weiß ja, dass ihr dies alles braucht. Sucht hingegen zuerst die gerechte Welt Gottes, und dies alles wird euch geschenkt werden. Sorgt euch deshalb nicht um morgen, denn der morgige Tag wird für sich selbst sorgen. Es reicht, wenn jeder Tag seine eigene Belastung hat.

Matthäusevangelium 6,25-34

DIE AUTO-FRAGE

Der Papst oder meine Oma: Wer hat Recht?

Meine Oma hatte den Grundsatz: Wir sind arme Leute, also dürfen wir nichts Billiges kaufen!

Nun sagt der Papst bei einer Ansprache im Sommer 2013 vor sechstausend Priesterstudenten in Rom: Es tut mir weh, wenn ich einen Priester oder eine Nonne in einem nagelneuen Auto oder auf einem nagelneuen Motorroller sehe. So etwas geht nicht!

Wer hat nun Recht, der Papst oder meine Oma? Hoffentlich beide!

Meine Oma wusste: Billige Schuhe sind bald kaputt. Also lohnt sich die Anschaffung nicht. Und es war bei vielen Kindern klar: Wenn das eine rauswächst, kann das nächste

Kind die Sachen weitertragen. Das galt nicht nur für Hosen oder Kleider, sondern auch für Schuhe, und für Turnschuhe allemal! Natürlich hatten wir Kinder daran nicht nur Freude, aber wir nahmen es hin.

Das hätte dem Papst gefallen, denn von ihm wird berichtet, dass er seine Bischofskleidung nicht neu kaufte, sondern den alten Ornat eines Vorgängers auftrug. Auch trägt er seine alten Schuhe auf. Also meint der Papst: Priester oder Nonnen sollen bescheiden leben und nicht mit nagelneuen Autos protzen! So weit, so gut.

Wir in unserer Gemeinde kaufen allerdings neue Autos, und zwar Kleinbusse. Wir haben sogar einen neuen Transporter, mit dem wir vier Menschen in Rollstühlen zugleich transportieren können. Getreu einem anderen Grundsatz meiner Oma: Wo es arm ist, darf es nicht ärmlich sein! Unsere Kleinbusse sind ja für alle da. So können die Gruppen Ausflüge machen. Auch fahren wir Senioren zur Bank und zum Einkaufen. Mit alten Autos wäre dies ungleich teurer, denn es ist immer etwas kaputt.

Ich denke, das würde auch Papst Franziskus überzeugen. Wenn die Autos für die Gemeinschaft nützlich sind, dürfen sie auch neu sein. Persönlich fahre ich übrigens einen Opel-Kadett, der zweiundzwanzig Jahre alt ist. Das ist zwar wirtschaftlich betrachtet wenig sinnvoll, weil eben oft etwas kaputt ist. Aber ich hänge an dem Teil! So erlaube ich mir den Luxus eines alten Autos!

Franz Meurer

ICH MÖCHTE EINMAL ERLEBEN, DASS IM HIMMEL DER TEUFEL LOS IST

Erich Ellinger

 DiePresse Eco @DiePresse_Eco
Arbeiterstrich: Sechs Euro für den Bruder vom Parkplatz
http://tinyurl.com/cnlodm
Öffnen

Quelle: twitter.com, 25. April 2013

Aus der Heiligen Schrift:
Hört dies, die ihr den Armen zertretet, um die Bedürftigen des Landes zu beseitigen, die ihr sagt: Wann geht der Neumond vorüber, damit wir Getreide verkaufen, und der Sabbat, damit wir Kornsäcke öffnen, damit wir den Messbecher verkleinern und das Silbergewicht vergrößern, und die Waage fälschen, die schon gefälscht ist, um die Hilflosen zu kaufen für Kleingeld, und die Armen für ein paar Sandalen. Auch den Getreideabfall verkaufen wir! Gott schwört angesichts der Arroganz Jakobs: »Ich werde alle ihre Taten niemals vergessen.«

Aus dem Buch des Propheten Amos 8,4–7

EGAL WELCHE SCHEISSE, ICH MACHE ALLES

Das Unangenehme bei Amos ist, dass er beim Leser Unbehagen verursacht. Denn er schimpft nicht eine versunkene Kaste von Kaufleuten an, die vor vielen Jahrhunderten in einem orientalischen Land die Armen ausnahmen. Er meint – wie frech! – tatsächlich uns, die wir heute Geschäfte treiben: Dinge kaufen und teuer weiterverscherbeln, auf Teufel komm raus konsumieren, uns den Wanst vollfressen. Die Generation-Ebay, -Amazon oder -Ab-in-den-Urlaub.de hat bis in alle Ewigkeit in ihrer DNA eingraviert, wie geil der Geiz ist. Die Paketboten, die in ihren klapprigen Privatautos als Subunternehmer nicht nach Arbeitszeit, sondern pro ausgeliefertes Paket bezahlt werden? Egal ob sie einmal oder dreimal klingeln müssen? Phhh. Die am ersten Weihnachtstag ausliefern mussten, weil Schnee lag? Ach Gottchen. Schon die Kinder und Jugendlichen in ihren durchökonomisierten Schul- und Studierendenleben, wo es nur noch darauf ankommt, möglichst schnell zu Konsumenten, Beitrags- und Steuerzahlern geformt zu werden: alternativlos, selbstverständlich. Nicht gerne werden wir daran erinnert, dass unser 9-Cent-Brötchen das Aus für die Viertels-Bäckerei bedeutet. Ist aber so. Und nicht oft denken wir daran, dass das verwaschene Schnitzel auf meinem Teller für einen Bauern im Sudan den Tod bedeutet. Aber auch das stimmt.

Doch manchmal kommen wir nicht drumherum, und dann lesen wir zum Beispiel in der »Zeit«, dass es in den letzten Jahren vor allem in Teilen Asiens ein großes Einkommenswachstum gab (nachdem zuvor in der westlichen Welt die Einkommen gestiegen waren). Damit wollen die Leute dort besser essen, anderes essen. Sie wollen mehr Fleisch essen. Für die Produktion von Fleisch werden große Landflächen verbraucht. Denn für ein Kilogramm Schweinefleisch müssen zwölf Kilo Getreide verfüttert werden. In vielen Ländern wird das Land knapp. Daher schauen Investoren begierig auf Land in Afrika. Viele Bauern dort haben keine verbrieften Landtitel und verlieren ihre Ländereien. Sie stehen dann mit nichts da.

Oder werfen wir einen Blick aufs Handy. Die hippe Ästhetik der Smartphones hat eine düstere Seite. Denn in den Kondensatoren der Taschencomputer befindet sich das seltene Erz Coltan. Ohne diesen Rohstoff keine SMS, kein »Whats app« und kein lustiges Youtube-Video. Über 50 Prozent des Coltan wird in der Demokratischen Republik Kongo geschürft. Vor allem Rebellengruppen kontrollieren den Abbau in primitivsten Minen und finanzieren so ihre

Waffen. Beobachter erzählen von Kinderarbeit, von Mord und Vergewaltigungen. Der Regisseur Frank Poulsen sagt: »Letztendlich geht es nur um den Preis.« Poulsen hat in einem Dokumentarfilm die blutige Produktion von Handys erzählt. Er weiß: »Wenn das Mobiltelefon durch illegales Coltan billiger produziert werden kann, dann kann man günstiger als die Konkurrenz sein. Und die Käufer von Mobiltelefonen schauen auf die Preise.«

Apropos Preise: Mitten in unseren Städten hat sich ein altes Gewerbe wieder etabliert: Der Arbeiterstrich. Nicht zufällig stellt er einen semantischen Zusammenhang zur Prostitution her. »Für ein paar Sandalen die Armen kaufen« – das funktioniert auch in München oder Köln-Ehrenfeld. Die Regeln sollen einfach sein, heißt es: Einmal hupen bedeutet, ein Arbeiter wird gebraucht, zweimal Hupen signalisiert: Hier werden zwei benötigt. Dauer und Entlohnung werden mit Fingerzeig verhandelt. Dann werden Rumänen und Bulgaren plötzlich zu harten Konkurrenten und machen die Preise kaputt, wie das so ist, wenn ein Markt entsteht – und sei es ein Markt der armen Teufel. Fliesen legen, Schutt wegräumen, Ausschachten für 60, nein 50, nein 40 Euro pro Tag – während die Freier in ihren Lieferwagen abwarten. Und selbst auf dem Arbeiterstrich gibt's noch welche, die übrig bleiben, die auch nach drei, vier, fünf Stunden keiner will. Darunter auch Frauen. Kinderwagen wurden schon gesichtet. Anwohner rufen die Polizei, da sie stören. Sie pinkeln in die Beete und auf den Spielplatz. Manche übernachten sogar dort. Haben wir nichts mit zu tun: Wir melden unsere Reinigungskräfte selbstverständlich immer an (es sei denn, die wollen das selbst nicht!).

»Zu seiner Zeit«, schreibt der Theologe Thomas Ruster über Amos, »fand er die ganze Gesellschaft vom Gift und Wermut der Rechtlosigkeit erfüllt. Er sah das Elend und die Chancen-

losigkeit der Armen und die Schamlosigkeit der Besitzenden, deren einziger Zweck die Kapitalvermehrung war. Und er schloss, dass Gott eine solche strukturell böse Welt nur ablehnen kann, dass sie als Ganze unter Gottes Zorn fällt. Gott ist anders als alles, d.h. er ist nicht einverstanden mit dem, was der Fall ist, er stützt auf keine Weise das Bestehende.«
Und wir Christinnen und Christen? Sind wir eine Systemgefahr in Zeiten eines wild gewordenen Raubtier-Kapitalismus? Regen wir uns darüber auf, dass die Abfälle der deutschen Hühnerindustrie nach Afrika verschleudert werden, wo sie die einheimischen Märkte kaputtmachen? Finden wir nicht auch, dass der Veggie-Day eine spinnerte Idee ist, obwohl die Idee der vegetarischen Ernährung womöglich im Schöpfungsbericht der Genesis anklingt, wie manche Exegeten meinen? Gehen wir nicht auch ins Fachgeschäft und lassen uns kostenlos beraten, um den Artikel später im Internet zu kaufen (»wir überlegen es uns noch mal!«)? Rennen wir etwa nicht zum Lebensmitteldiscounter, obwohl wir wissen, dass die da nicht ausbilden? »Keine ihrer Taten werde ich jemals vergessen«, zitiert Amos den Schwur Gottes. »Wegen ihrem Stolz.« Wegen unserer Ignoranz. Weil es uns einfach egal ist. Aber Gott ist anders als wir. »Macht mit mir eine Revolution«, sagte der Papst den Jugendlichen beim Weltjugendtag in Rio de Janeiro. Und der Kontext seiner Rede ließ ahnen: Er meinte nicht die feine, eher metaphorische »Revolution der Liebe«. Sondern die konkrete Veränderung, den Umsturz der wirtschaftlichen, politischen und sozialen Strukturen, die aus Menschen Material machen. Es darf uns nicht egal sein. Gott ist es doch auch nicht egal. Das Wort »egal« kommt in seinem Wortschatz nicht vor. Und wer das nicht kapiert, der muss sich vom lieben Gott halt hin und wieder mal anschreien lassen.

Peter Otten

HIMMEL UND HÖLLE – BEIDE FANGEN MIT H AN
Marion Gitzel

Bundeskanzlerin Angela Merkel (CDU) hat den Gewerkschaften in Aussicht gestellt, Leiharbeit und Werkverträge strenger zu regulieren. Union und SPD wollten in ihren Koalitionsverhandlungen sowohl die Dauer von Leiharbeit als auch die Frage spezifizieren, ab wann eine Angleichung der Bezahlung von Zeitarbeitern an die von Stammbeschäftigten einsetzen solle, kündigte Merkel auf dem Gewerkschaftstag der IG Metall an.
Quelle: faz.net am 25.11.2013

> Aus der Heiligen Schrift:
> Ihr alle seid Gottes Kinder im Messias Jesus durch das Vertrauen. Denn alle, die ihr in den Messias hineingetauft seid, habt den Messias angezogen wie ein Kleid. Da ist nicht jüdisch noch griechisch, da ist nicht versklavt noch frei, da ist nicht männlich und weiblich: denn alle seid ihr einzig-einig im Messias Jesus. Wenn ihr aber dem Messias angehört, dann seid ihr folgerichtig auch Abrahams Samen, erbberechtigt aufgrund der Verheißung.
> Aus dem Brief des Apostels Paulus an die Gemeinden in Galatien 3,26-29

LEIHARBEIT

Leiharbeit, auch Zeitarbeit genannt, ist für die Arbeitgeber gut. Die Wirtschaft bekommt mehr Beweglichkeit. Sie kann Personal leasen, wenn viel Arbeit anfällt. Es gibt keine Lohnkosten, wenn es keine Aufträge gibt.
Im Jahr 2012 gab es in Deutschland 820.000 Arbeitsplätze mit Leiharbeit. Zehn Jahre vorher waren es nur 310.000. Früher war der Einsatz von Leiharbeitern gesetzlich befristet, jetzt kann er beliebig oft verlängert werden. Die Agen-

da 2010 versprach sich von der Leiharbeit, dass Überstunden in den Betrieben wegfallen und dadurch Arbeitsplätze entstehen. Inzwischen ist es so, dass in vielen Firmen Leiharbeiter lange Zeit neben den Festangestellten arbeiten, ohne denselben Lohn zu erhalten und ohne deren Arbeitsplatzsicherheit zu genießen. Oft kaufen sich die Leiharbeiter auf eigene Kosten die Arbeitskleidung der Firma, an die sie ausgeliehen sind, um nicht als Leiharbeiter aufzufallen. Eine Festanstellung gibt Sicherheit und lässt eine vernünftige Familienplanung zu. Leiharbeit bedeutet weniger Lohn und weniger Sicherheit. Natürlich gibt es auch Menschen, für die Leiharbeit ideal ist. Sie wollen gerne den Wechsel an verschiedene Arbeitsstellen und finden das spannend; aber dies ist die Ausnahme.

»Der Mensch ist zur Arbeit geboren wie der Vogel zum Flug«, sagte Karl Marx, und nach ihm Papst Pius XII. Arbeitslosigkeit ist schrecklich, es droht Verwahrlosung. Es stimmt, ohne Leiharbeit wären wahrscheinlich manche Menschen arbeitslos, weil die Firmen das Risiko einer Festanstellung scheuen. Flexibilität ist ein wichtiger Wirtschaftsfaktor geworden. Also kann man sagen, dass Leiharbeit Arbeitsplätze schafft.

Es stimmt aber auch, was die Gewerkschaften fordern: Gleicher Lohn für gleiche Arbeit! Leiharbeiter erhalten für die gleiche Arbeit meistens weniger Lohn als die Festangestellten. Gerechter wäre es, ihnen den gleichen Lohn zu zahlen. Dadurch würden die Lohnkosten für die Firmen höher, weil ja die Leiharbeitsfirma auch verdienen will. Aber der Vorteil der Flexibilität bliebe den Firmen erhalten. So könnten bei gleichem Lohn beide gewinnen, Arbeitgeber wie Arbeitnehmer!

Franz Meurer

DAS STINKT ZUM HIMMEL

»Dumpinglöhne, schlechte Wohnbedingungen und massenhaft Überstunden – für die Arbeiter in der Fleischindustrie keine Seltenheit.«
Quelle: www.ndr.de/regional/niedersachsen/oldenburg/fleischindustrie125.html

Aus der Heiligen Schrift:
Übe in deinem Land und deiner Stadt keinen Druck auf eine arme und elende Person im Tagelohn aus, unabhängig davon, ob sie von deinem Volk stammt oder von den Fremden in deinem Land oder deiner Stadt. Gib ihr ihren Lohn noch am gleichen Tag, noch bevor die Sonne untergeht – schließlich ist diese Person arm und sie verlangt danach. Dann wird sie nicht Gott gegen dich anrufen, und es wird dir nicht als Sünde anhaften.

Aus dem Buch Deuteronomium 24,14-15

MINDESTLOHN

Er saß bei Günter Jauch in der Talkrunde, der Prälat aus Vechta. Es ging um den Missbrauch mit Werkverträgen. In der Fleischindustrie, also auch bei ihm zu Hause in Oldenburg, seien bis zu siebzig Prozent der Arbeiter nicht fest angestellt, sondern arbeiten als scheinbar selbstständige Unternehmer teilweise mit Stundenvergütungen von drei Euro. Beliebt machte sich Prälat Peter Kossen nicht bei allen Unternehmern, aber inzwischen ist er bundesweit bekannt. In den Kommunen im Kreis Vechta wurden die Wohnheime der Arbeiter, die oft aus Osteuropa kommen, kontrolliert und teilweise geschlossen oder mit Auflagen belegt. Die Kommunen bemühen sich um einen Mindestlohn von 8,50 Euro. Eine Ombudsstelle ist geplant, die Firmen zeigen sich kooperativ, auch die bekannte Firma Wiesenhof.

Das Thema Mindestlohn war lange umstritten. Es hieß, er vernichte Arbeitsplätze, auch wenn es den Mindestlohn in den meisten Staaten der Europäischen Union gibt.

Der Wind dreht sich, seitdem in Meinungsumfragen deutlich wurde, dass achtzig Prozent der Bundesbürger einen Mindestlohn in Ordnung finden. Also haben alle Parteien den Mindestlohn auf der Agenda. Die Linken wollen zehn Euro fünfzig pro Stunde für alle, SPD und Grüne acht Euro fünfzig. Die Union will eine Lohnuntergrenze nur dort, wo es keine Tarifverträge gibt, die FDP nur in einzelnen Branchen oder Gegenden. Doch sogar die FDP findet wie der Prälat aus Vechta drei Euro Stundenlohn für einen Arbeiter in der Fleischindustrie nicht akzeptabel.

Die Wirtschaftswissenschaft ist sich nicht einig. Mindestlohn-Kritiker sagen, der Lohn entspreche immer der Produktivität, also führe ein Mindestlohn zum Arbeitsplatzverlust. Andere sehen das Gegenteil: ein Mindestlohn schaffe Arbeitsplätze, weil zu einem fairen Lohn, der den Lebensunterhalt sichere, viele gerne arbeiten wollten.

Lohndrückerei wird schon im Alten Testament streng verurteilt, so im Buch Deuteronomium 24, 14-15. Der Jakobusbrief im Neuen Testament bezeichnet gar die Vorenthaltung des gerechten Arbeitslohnes als Sünde, die zum Himmel schreit (Jak 5,4). Papst Franziskus sagte am 1. Mai 2013, dem Tag der Arbeit: »Keine Arbeit zu schaffen und Arbeit nicht angemessen zu bezahlen, weil nur die finanziellen Resultate interessieren und weil nur der Gewinn zählt – das ist gotteslästerlich!«

Franz Meurer

KEINER KOMMT ALLEIN IN DEN HIMMEL; KEINER KOMMT ALLEIN IN DIE HÖLLE – ER BRINGT IMMER ANDERE MIT.

Erich Benz

Selbstfahrender zweireihiger Grimme-Kartoffelvollernter. Quelle: Wikimedia commons

Aus der Heiligen Schrift:
Erfüllt von der Zuneigung Gottes, die mir geschenkt wurde, sage ich nun einer jeden und einem jeden von euch: Überfordert euch nicht bei dem, wofür ihr euch einsetzt, achtet auf eure Grenzen bei dem, was ihr vorhabt. Denn Gott hat jedem und jeder ein bestimmtes Maß an Kraft zugeteilt, Vertrauen zu leben. Denkt an unseren Körper. Er ist eine Einheit und besteht aus vielen Körperteilen, aber nicht jedes Teil hat dieselbe Aufgabe. So sind wir, obwohl wir viele sind, doch ein einziger Körper in der Gemeinschaft des Messias. Einzeln betrachtet sind wir Körperteile, die sich füreinander einsetzen. Wir haben jeweils unterschiedliche Fähigkeiten, die uns in göttlicher Zuwendung geschenkt wurden:
Wer die Gabe hat, prophetisch zu reden, nutze sie, um deutlich zu machen, welches Handeln dem Vertrauen auf Gott entspricht.
Wer die Gabe hat, für andere zu sorgen, nutze sie zum Wohl der Gemeinschaft.

Wer die Gabe hat zu lehren, nutze sie, um andere am Wissen teilhaben zu lassen.
Wer die Gabe hat zu trösten, nutze sie, um andere zu ermutigen.
Wer mit anderen teilt, sei aufrichtig dabei.
Wer eine Leitungsaufgabe übernimmt, fülle sie mit Begeisterung aus.
Wer solidarisch mit anderen lebt, soll es heiter tun.

Aus dem Brief des Apostels Paulus an die Gemeinde in Rom 12,3-8

MITEINANDER ERNTEN

»Miteinander ernten« heißt ein Buch von Klemens Kalverkamp, das 2009 erschien. Er ist der Geschäftsführer der Grimme Landmaschinenfabrik, dem Weltmarktführer von Hackfruchterntemaschinen. Die Maschinen ernten Kartoffeln oder Zuckerrüben.

Gewöhnlich schreiben die Chefs mittelständischer Firmen keine Bücher. Sie machen ihre Arbeit und bringen die Firmen voran. Erst neuerdings rückt in den Fokus, dass es in Deutschland viele »Hidden Champions« gibt, verborgene Weltmarktführer. So kommen zum Beispiel achtzig Prozent aller ausziehbaren Hundeleinen aus einer deutschen Firma.

In seinem Buch beschreibt Klemens Kalverkamp, wie gute Teamarbeit zum Erfolg führt. Alle haben Anteil am Erfolg, also bekommen auch alle einen Teil vom Erfolg. Ausbildung statt hire and fire, Ingenieursdenke statt Marketingdenke – so wird Fairness zum Erfolgsfaktor. Mich hat das Buch bewegt, so stelle ich mir Soziale Marktwirtschaft vor.

Bei allem ist der Kunde der Experte – und die Kartoffel! Spannend finde ich den Bericht darüber, was geschah, als in China eine Kartoffel in der Erntemaschine hängenblieb. Viele meinen ja, die Chinesen äßen nur Reis. Weit gefehlt! Sie wollen auch Fritten von McDonalds. Also gibt es in China große Kartoffelfelder. Die Ernte geschieht mit Maschinen von Grimme. Nun bleibt eine Kartoffel hängen, weil es sehr nass ist auf dem Feld. Sogleich ist Holland in Not. Mit dem nächsten Flugzeug startet ein Team von Grimme, denn die Kartoffel in China meldet, dass die Bedingungen dringend Erneuerungsbedarf fordern. »Dem Ingenieur ist nichts zu schwör« – gilt dies noch?! Nur in Teamarbeit kann das Problem gelöst werden. Es ist klar: Ohne Lösung sind auf Dauer achthundert Arbeitsplätze bei Grimme in Gefahr. Gemeinsam ernten geht nur, wenn man auch gemeinsam sät!

2013 veröffentlichte Klemens Kalverkamp ein weiteres Buch: »Das Management der Marktführer von morgen«. Darin beschreibt er acht Erfolgsprinzipien im Zeitalter des Miteinanders. Zentraler Gedanke ist, dass wirtschaftlicher Erfolg auf Kommunikation und Kooperation beruht.

Den acht Prinzipien legt Kalverkamp vier mal zwei Kernwerte zugrunde: 1. Ehrlichkeit und Gerechtigkeit. 2. Freundlichkeit und Freude. 3. Begeisterung und Leidenschaft. 4. Optimismus und Innovationsfreude. Es liest sich glatt wie eine Kurzphilosophie des guten Lebens!

Das Ziel Kalverkamps ist das »All-win-Unternehmen«, in dem keiner der Mitarbeiter verliert. Das aber geht nur, wenn die Manager von den Mitarbeitern her denken. »Emotionale Intelligenz und die nötige Empathie, um sich in ihre Mitarbeiter hineinversetzen zu können – bei vielen Führungskräften offenbar Fehlanzeige. Nach meiner Überzeugung steckt da überhaupt kein böser Wille dahinter. Sondern die Manager haben schlicht noch nicht gelernt, worauf es in Zukunft ankommen wird« (Das Management der Marktführer von morgen, S. 41). Die positive Vision drückt Kalverkamp so aus: »In dem ›Alle gewinnen‹ ist ausgedrückt, was das Unternehmen der Zukunft sein wird und was es nicht mehr sein darf. Hier profitieren nicht wenige auf Kosten vieler, sondern alle mit Hilfe aller. Das ist die evolutionäre Vision. Weg vom Jahrtausend-Irrtum des Konkurrenzdenkens und Vernichtungswettbewerbs. Hin zu Gemeinsamkeit und kollaborativer Intelligenz. Weg von autoritärer Machtausübung über die Köpfe der Menschen hinweg. Hin zu einer Führung, die menschliche Bedürfnisse erkennt und befriedigt und alle in ihrer persönlichen Entwicklung fördert. Weg von der täglichen Qual. Hin zu Freude, Leichtigkeit und Lachen. Weil dann der Output eines jeden Einzelnen, der Teams und damit des gesamten Unternehmens deutlich höher ist.« (S. 50)

Die acht Erfolgsprinzipien lassen sich an diesem Zitat ablesen. Es sind eher »soft-skills«. Nicht aus reinem Gutmenschentum verfolgt er diesen Weg, sondern weil er den Erfolg will und auf diesem Weg die Weltmarktführerschaft sichert. Ist Kalverkamp ein einsamer Rufer in der Wüste? Es scheint nicht so zu sein. Immer mehr Führungskräfte begreifen, dass die Mitarbeiterinnen und Mitarbeiter das wichtigste Kapital sind. Die Rede ist auch von der neuen Generation Y, für die eine gute Work-Life-Balance im Leben zählt. Die Ökonomin Deirdre McCloskey von der Uni in Illinois/Chicago hat herausgefunden, dass Unternehmen dann besonders erfolgreich sind, wenn sie auf Werten basieren und sie leben. Sie nennt sieben entscheidende Tugenden: Eigennutz, Mäßigung, Liebe, Gerechtigkeit, Mut, Hoffnung, Glaube. Es geht darum, gemeinschaftliches Wohlergehen und individuellen Nutzen zusammenzubringen (siehe DIE ZEIT, 14.8.13, S. 24/25).

Sogar die Deutsche Bahn hat im Sommer 2013 erkannt, dass es angesichts der Pannen wie im sommerlich stillgelegten Bahnhof Mainz angesagt ist, in die Mitarbeiterschaft zu investieren. Immer mehr aus immer weniger Angestellten rauszupressen geht auf Dauer nicht gut.

Franz Meurer

**DEN LIEBEN GOTT LASS ICH NUR WALTEN;
DER BÄCHLEIN, LERCHEN, WALD UND FELD
UND ERD UND HIMMEL WILL ERHALTEN,
HAT AUCH MEIN SACH AUFS BEST BESTELLT!**

Aus: »Wem Gott will rechte Gunst erweisen«, von Joseph von Eichendorff

ARMER PRINZ

Er ist der reichste Araber, hat einen A380 und bald die längste Yacht der Welt – trotzdem ist der saudische Prinz al-Walid unzufrieden. Er fühlt sich vom Magazin *Forbes* benachteiligt, weil er darin in der Liste der reichsten Menschen nur auf Platz 26 landet. Bescheidenheit zählt nicht zu den Stärken von Prinz al-Walid ibn Talal Al Saud. Der Milliardär war die erste Privatperson, die sich einen Airbus A380 leistete. Seine Yacht diente als Drehort für James Bond – und weil ihm das 85-Meter-Schiff irgendwann zu popelig wurde, lässt sich der reichste Araber gerade ein Boot bauen, auf dem mehr als doppelt so viel Platz ist. Nach dessen Fertigstellung wird Roman Abramowitsch nicht mehr die längste Yacht der Welt besitzen. Trotzdem hat Prinz al-Walid einen Grund, unzufrieden zu sein. Dem US-Magazin *Forbes* zufolge beläuft sich sein Vermögen auf 20 Milliarden Dollar, deshalb Platz 26. Viel zu wenig, fand al-Walid, und beschwerte sich bei den Herausgebern, wie die *Financial Times* schreibt.

Der Prinz führt die Investmentfirma Kingdom Holding, an der er 95 Prozent der Anteile hält. Die *New York Times* bezeichnete ihn mal als den »arabischen Warren Buffett«. Seine Firma ist an mehreren Luxushotelketten wie Four Seasons oder Mövenpick beteiligt. Weitere Milliarden stecken in Großkonzernen wie der Citigroup oder Rupert Murdochs News Corporation. Im vergangenen Jahr leistete sich der Prinz einen Drei-Prozent-Anteil am Netzwerk Twitter für geschätzte 300 Millionen Dollar.

Kingdom Holding ließ mitteilen, der Prinz empfinde das Ranking der Finanzjournalisten von der Agentur Bloomberg als »akkurater«, genauer. Im »Billionaires Index«, der im vergangenen Jahr als Konkurrenz zum Forbes-Ranking eingeführt wurde, steht al-Walid auf Platz 16 mit einem geschätzten Vermögen von 28 Milliarden Dollar. Auch das ist ihm zu wenig, liegt aber deutlich näher an den fast 30 Milliarden Dollar, auf die al-Walid sein Vermögen selbst beziffert. Legt man seine eigene Zahl zugrunde, würde der Prinz es in die Top Ten der Forbes-Liste schaffen, knapp vor dem Franzosen Bernard Arnault. Angeführt wird das Ranking vom mexikanischen Telekommunikationsunternehmer Carlos Slim, der 73 Milliarden Dollar besitzt.

Quelle: SZ-online vom 7. März 2013

Aus der Heiligen Schrift:

> Das Himmelreich ist wie bei einem Mann, der verreisen wollte. Er rief vorher seine Diener zusammen und vertraute ihnen sein Vermögen an. Dem einen gab er fünf Zentner Silbergeld, dem anderen zwei Zentner und dem dritten einen, je nach ihren Fähigkeiten. Dann reiste er ab. Der erste, der die fünf Zentner bekommen hatte, steckte sofort das ganze Geld in Geschäfte und konnte die Summe verdoppeln. Ebenso machte es der zweite: Zu seinen zwei Zentnern gewann er noch zwei hinzu. Der aber, der nur einen Zentner bekommen hatte, vergrub das Geld seines Herrn in der Erde. Nach langer Zeit kam der Herr zurück und wollte mit seinen Dienern abrechnen. Der erste, der die fünf Zentner erhalten hatte, trat vor und sagte: ›Du hast mir fünf Zentner anvertraut, Herr, und ich habe noch weitere fünf dazuverdient; hier sind sie!‹ ›Sehr gut‹, sagte sein Herr, ›du bist ein tüchtiger und treuer Diener. Du hast dich in

kleinen Dingen als zuverlässig erwiesen, darum werde ich dir auch Größeres anvertrauen. Komm zum Freudenfest deines Herrn!‹ Dann kam der mit den zwei Zentnern und sagte: ›Du hast mir zwei Zentner gegeben, Herr, und ich habe noch einmal zwei Zentner dazuverdient.‹ ›Sehr gut‹, sagte der Herr, ›du bist ein tüchtiger und treuer Diener. Du hast dich in kleinen Dingen als zuverlässig erwiesen, darum werde ich dir auch Größeres anvertrauen. Komm zum Freudenfest deines Herrn!‹ Zuletzt kam der mit dem einen Zentner und sagte: ›Herr, ich wusste, dass du ein harter Mann bist. Du erntest, wo du nicht gesät hast, und sammelst ein, wo du nichts ausgeteilt hast. Deshalb hatte ich Angst und habe dein Geld vergraben. Hier hast du zurück, was dir gehört.‹ Da sagte der Herr zu ihm: ›Du unzuverlässiger und fauler Diener! Du wusstest also, dass ich ernte, wo ich nicht gesät habe, und sammle, wo ich nichts ausgeteilt habe? Dann hättest du mein Geld wenigstens auf die Bank bringen sollen, und ich hätte es mit Zinsen zurückbekommen! Nehmt ihm sein Teil weg und gebt es dem, der die zehn Zentner hat! Denn wer viel hat, soll noch mehr bekommen, bis er mehr als genug hat. Wer aber wenig hat, dem wird auch noch das Letzte weggenommen werden. Und diesen Taugenichts werft hinaus in die Dunkelheit draußen! Dort gibt es nur noch Jammern und Zähneknirschen.‹

Matthäusevangelium 25,14–30

DIETERS TOMBOLA

Dieter Bilk erzählt: »Auf der Straße habe ich ja nie gelebt. Das war bei mir ja immer das A und O, dass ich da bloß niemals hinkommen wollte. Ich habe 28 Jahre lang bei RWE gearbeitet, von 1970 an. Ich habe im Lager gearbeitet und später als Batteriewart. Große Batterien gibt es zum Beispiel in Krankenhäusern, falls mal der Strom ausfällt, riesige Apparate. Die werden dann eingeschaltet. In der Zeit wird der

Strom wieder repariert. Damals habe ich ein ganz normales bürgerliches Leben gelebt, 100 Prozent. Ich hab immer mal wieder was von Obdachlosen gehört, aber da habe ich mir keine Gedanken gemacht. Man hat ja Arbeit gehabt. Ich habe in Hürth gewohnt. An dem Tag, als ich arbeitslos wurde, habe ich nichts bereut, weil ich ja noch alles mitmachen konnte. Das hat nur deswegen geklappt, weil ich eigentlich von Anfang an schon wusste, was ich wollte. Ich wollte nie auf der Straße landen, aber das andere alles mitmachen.

Mit Geld konnte ich umgehen, seit ich Kind war. Das hat man in die Wiege gelegt bekommen. Ich bin in einem Kinderheim gewesen, und dort durften wir kein eigenes Geld haben. Doch wir haben manchmal Geld unter der Hand zugesteckt bekommen, zehn oder zwanzig Pfennig, manchmal eine Mark. Das habe ich immer einem Pfleger gegeben, mit dem ich es gut konnte. Der hat es für mich festgehalten. Und der hat mir in den 60er-Jahren schon gesagt, ich bräuchte nie Angst zu haben, dass ich mal unter die Räder kommen würde, weil ich einfach mit Geld umgehen könne. Mit dreizehn Jahren wurde ich vom Heim aus in eine orthopädische Schuhmacherei gegeben. Da habe ich keine Ausbildung gemacht, sondern einfach nur gearbeitet. Es gab keine Alternative: Entweder ist man arbeiten gegangen oder auf der Station geblieben und dort, ja sagen wir ruhig: verreckt. Der Schuhmachermeister wusste, was er an uns hatte. Der hat uns ganz schön schuften lassen und hat uns ganz ordentlich unter Druck gesetzt. Und das mit dem Geld sparen war letzten Endes nur eine Angst-Sache. Ich habe mir gesagt: Du musst was auf der Seite liegen haben, wenn du mal rausfliegst, wenn es dir dreckig geht, damit du eine Zeitlang damit wieder klar kommst. Mein ganzes Leben war so, wenn ich ganz ehrlich bin. Das habe ich bis heute. Man weiß nie, was kommt. Also halt das Geld fest!

Sicher ist das nicht schön, wenn man seinen Job verliert, für wen ist das schön? Das war doch die Sauerei, dass man in den 70er-Jahren beim RWE uns immer vorgegaukelt hat, hier kann dir nichts passieren. Ich hätte nie gedacht, dass man uns eines Tages entlässt. Und dann war es eines Tages doch so. Danach fing ein neues Leben an, das kann man sagen. Da habe ich eine Zeit lang noch meine Wohnung gehabt und habe dann mit dem Geld, was ich noch hatte – ich hatte eine Abfindung bekommen, die nicht ganz wenig war – erst mal Urlaub gemacht. Frankreich, Spanien, ich war überall, zwei Jahre lang. Mit meinem Wohnmobil, einem Hymer. Das habe ich zwölf Jahre lang gefahren. Allerdings habe ich kaum etwas ausgegeben, außer für den Sprit. Denn mir war klar: Wenn ich das Geld jetzt auf den Kopf haue, ist es bald weg. Für unterwegs packst du nur das Wichtigste ein: Ausweis, Führerschein, Hose, Hemd. Alles andere lässt man da, weil es doch nur Ballast ist. Man braucht ein Konto, klar. Zunächst hatte ich das bei der Sparda-Bank, das habe ich aber aufgegeben, weil man da immer Gebühren beim Abheben zahlen musste, und ich war ja sparsam. Also habe ich ein Postsparbuch gemacht, da kommst du überall dran. Irgendwann habe ich dann begonnen, die Obdachlosen-Hilfsstellen aufzusuchen, denn ich musste mein Geld ja strecken, so wenig wie möglich selber ausgeben. Ich wusste ja, was ich zur Verfügung hatte und wie lange ich damit wohl auskommen würde. Denn ich hatte zwei Bekannte: einen beim Finanzamt und einen bei der Polizei. Beide hatten ein Wohnmobil wie ich. Und mit beiden bin ich wunderbar klargekommen. Und mit denen habe ich damals über die Abfindung gesprochen. Und die haben gesagt: Dieter, denk dran, das Geld kann schnell weg sein. Das kann aber auch bleiben. Sag uns, wie viel du kriegst, und wir sagen dir, wie lange du damit klar kommst. Die haben mich echt sehr gut beraten.

Zunächst konnte ich meine Wohnung noch behalten. Trotzdem war ich die meiste Zeit im Wohnmobil. Das ging dann auch im Winter wunderbar, denn ich hatte eine Heizung. Ich habe alles selbst in Schuss gehalten, denn ich bin ein Fummler. Hat alles immer funktioniert bei mir. Wenn ich da stand und mein Wohnmobil repariert habe, kamen direkt die Leute und sagten: Dieter, was machste wieder? Stundenlang haben die zugeguckt, wie ich am Fummeln war. Ich hatte den ersten Flachbildschirm in meinem Wohnmobil. Ich habe da drinnen zweihundert Meter Kabel verlegt. Und als ich obdachlos war, hatte ich noch mehr Zeit zum Reparieren. Ich wollte immer ein bisschen besser sein als die anderen, das war mein Ziel. Nach ein paar Jahren musste ich das Wohnmobil aber aufgeben. Ich habe es heiß und innig geliebt. Aber das Problem war, dass die Städte einen immer weiter außerhalb der Zentren campen ließen – und kostenlos waren viele Plätze auch bald nicht mehr. Irgendwann musste ich dann auch meine Wohnung aufgeben. Ein Kumpel, den ich damals nicht gut kannte, sagte: Dieter, zieh zu mir, und deine Sachen, die packen wir in meine Garage. Da können sie bleiben, bis du wieder eine Wohnung hast. Ich habe sie nie wieder bekommen. Was hätte ich machen sollen? Hätte ich meine Sachen woanders hingegeben, hätte ich auch wieder nur Geld bezahlt. Einen Teil meiner ganz privaten Sachen habe ich im Wohnmobil verstaut, einen anderen Teil bei einem anderen Bekannten in Kalk. Und als ich nach einem Jahr wiederkam, da gab es den gar nicht mehr, da war der über alle Berge. Und der Keller, in dem meine Sachen gelegen haben, war leer. Das sind Schicksale. Das sind Erinnerungsstücke, persönliche Gegenstände, die ich jahrelang gehegt und gepflegt habe, die auf einmal weg sind. Das ist heute für mich noch nicht nachvollziehbar. Aber da hilft kein Heulen. Ich bin Realist: Das ist das Leben. Ich bin kein

Typ, der mit anderen Menschen groß reden muss oder lange grübelt, wenn er Schicksalsschläge erlitten hat, weil ich mir einfach denke: Das ist das wirkliche Leben.

Und dann habe ich mir in Köln eine Wohnung gekauft, 38 Quadratmeter groß. Ich wollte gar keine größere haben. Das war mir sehr wichtig, denn, wie gesagt, ich bin Realist. Ich sage mir: Man wird älter, dann macht man in der Wohnung sowieso weniger, weil du einfach nicht mehr kannst. Vor sieben Jahren war das. Da lebe ich, und das klappt wunderbar. Sparsam gelebt, den Umgang mit Geld gelernt, und dabei noch gut gelebt. Dazu muss man sagen: Ich habe ja nicht nur hier gesessen und mein Geld bekommen. Ich habe viele Jahre Zeitungen verkauft oder kleinere Arbeiten gemacht für kleines Geld. Ich hatte ja keine Ahnung von der Materie! Das war schlimm, als ich zum ersten Mal am Neumarkt stand und den Leuten Zeitungen verkauft habe. Das war gar nicht so einfach, da habe ich richtig Angst gehabt am Anfang. Aber das läuft, wenn du merkst, das erste Geld kommt. Davon konnte ich leben, mein Essen und mein Trinken kaufen und brauchte das Ersparte nicht anpacken. Und wenn du am Neumarkt stehst, da lernst du viele Leute kennen. Da sind Paradiesvögel dabei, aber auch solche, mit denen du dich gerne unterhältst. Und so habe ich eine ältere Frau kennengelernt. Und der habe ich gesagt: Wenn Sie mal Hilfe brauchen, können Sie mit mir rechnen – zum Beispiel einkaufen gehen oder andere Kleinigkeiten. Nach zwei Jahren kam sie tatsächlich an. Sie lud mich zu Kaffee und Kuchen ein, um die Sache zu besprechen. Und da habe ich erst gemerkt, dass sie gar keine arme Frau war. Sie sagte: Ich bekomme zwei Renten, und das reicht, dass du deine Arbeit am Neumarkt aufgibst. Ich brauche Hilfe, du kannst bei mir essen, ich gebe dir ein kleines Geld, damit du auch klar kommst. Das habe ich einige Jahre gemacht. Und schon wieder habe ich, auch finanzamtsmäßig korrekt (da war ich sehr pingelig!), mein Geld verdient, sodass ich an die Rücklagen wieder nicht ran musste. Ich habe nie was erschlichen oder so oder krumme Sachen gemacht. Das möchte ich ausdrücklich betonen! Das habe ich alles alleine hingekriegt. Weil ich im Grunde genommen von Natur aus eher ein Einzelgänger bin.

Manchmal sagen Leute zu mir: Dieter, erzähle doch mal den Jugendlichen im Heim, wie man mit Geld umgeht, wie man im Leben klarkommen kann. Die sind dann still, wenn sie das hören. Die sagen nicht viel, wenn sie das hören, weil sie genau wissen, dass sie das nicht können. Für die ist das nicht realistisch. Die brauchen ihren Alkohol und so. Ende des Jahres bekomme ich Rente. Dann muss ich lernen, mein Geld auszugeben. Ins Grab kann ich es nicht mitnehmen – und wem soll ich es hinterlassen? Seit einem Jahr bin ich wieder am Sparen. Ich kaufe keine Zigaretten mehr, sondern sammle Kippen und drehe mir davon. Hat mir ein Kumpel gezeigt. Der nannte das ›Mülleimertabak-Sammeln‹. Jetzt mache ich das auch. Abends piddele ich die Kippen auf. Das ist richtig teurer Tabak, bares Geld! Jetzt lege ich jeden Tag fünf Euro auf die Seite, die ich spare. Und wenn ich meine Rente kriege, dann mache ich hier eine Tombola. Ich habe mir die Überraschungseier besorgt. In jedes Ei kommen fünf Euro und in eins fünfzig. Dann stelle ich mich mit einem Eimer hierhin. Und dann kann sich jeder ein Ei nehmen, ob ich den leiden kann oder nicht. Das ist mir egal. Und wer die fünfzig Euro zieht, der hat den großen Preis gemacht. Das macht mir Spaß. Das ist mein Dankeschön dafür, dass ich all die Jahre klar gekommen bin. Da können Sie drüber denken, was Sie wollen.«

Dieter Bilk ist 63 Jahre alt und lebt in Köln.

Peter Otten

DER HIMMEL HILFT NIEMALS DENEN, DIE NICHT HANDELN WOLLEN
Sophokles

*Junge Auszubildende als Servicehelfer im Sozial- und Gesundheitswesen machen einen Besuch bei der Robert-Bosch-Stiftung, die die Idee zu diesem neuen Beruf entwickelt hat.
Quelle: www.bosch-stiftung.de*

Aus der Heiligen Schrift:
Jesus sagte zu seinen Schülerinnen und Schülern, die er aussandte: »Wer arbeitet, hat Lohn verdient.«
Aus dem Lukasevangelium 10,7

LEISTUNG MUSS SICH LOHNEN

In seiner Enzyklika »Rerum novarum« von 1891 fordert Papst Leo XIII. einen Lohn, der den Arbeiter und seine Familie ausreichend versorgt (in Kapitel 35). Der »familiengerechte Lohn« ist auch in den späteren Sozialrundschreiben der Päpste eine zentrale Forderung.

Wenn der berühmte Wirtschaftsminister mit der dicken Zigarre, Ludwig Erhard, in den fünfziger Jahren vom »Wohlstand für alle« spricht, kommt noch ein Sahnehäubchen auf dieses Erfordernis. In Zeiten des Wirtschaftswunders war klar: Wer fleißig, pünktlich und strebsam ist, kann seine Familie nicht nur ernähren, sondern auch ein gutes Leben führen; Auto, Urlaub, vielleicht sogar ein Eigenheim. Loyalität war das Scharnier dieses Erfolgsmodells. Die Arbeitnehmer waren treu und verlässlich, die Arbeitgeber fair und berechenbar. Ein schlauer Arbeitgeber war froh über starke Gewerkschaften als vernünftige Tarifpartner. Viele Arbeitnehmer identifizierten sich lebenslang mit ihrer Firma.

Das hat sich verändert. Es gibt zunehmend sogenannte »untypische Arbeitsverhältnisse«, also eben nicht Vollzeitstellen mit Renten-und Sozialversicherung. Etwa 7,5 Millionen sind geringfügige Beschäftigungsverhältnisse. Leider gibt es immer mehr Menschen, die nur eine solche Beschäftigung haben und dann aufstockende Hilfe vom Jobcenter in Anspruch nehmen müssen. Es gibt auch die Mutter von vier Kindern, von ihrem Ehemann verlassen, die Vollzeit als Altenpflegerin arbeitet, aber weiterhin Hartz-IV-Unterstützung benötigt, weil der Verdienst zu gering ist. Sie ist also dreifach belastet: Knappes Einkommen, Sorge für vier Kinder und sie muss sehr aufpassen, dass sie gegenüber dem Jobcenter keinen Fehler macht. Wenn dann ein kalter Winter kommt und die Nachforderung für die Heizkosten, sieht es nicht gut aus! Natürlich könnte sie ihre Arbeit in der Altenpflege aufgeben und sich ganz auf staatliche Stütze verlassen. Aber zum einen ist sie dafür zu stolz, zum andern verliert sie den Anschluss an die berufliche Entwicklung. Für mich ist diese Frau eine »Heldin der Arbeit«!

Ein anderes Problem kommt dazu. Die Zahl der einfachen Arbeitsplätze nimmt ab. Zum einen, weil immer mehr Maschinen solche Arbeiten übernehmen, was ja auch gut ist. Wo früher fünf Menschen die Straße kehrten, brummt heute eine Spezialmaschine, von einem Menschen gesteuert. Sogar auf dem Bauernhof werden die Kühe von Robotern gemolken, der Landwirt überwacht den Computer.

Allerdings gibt es noch immer an die acht Millionen Menschen in Deutschland, die funktionelle Analphabeten sind. Sie können einzelne Wörter schreiben, aber kaum in einem sinnvollen Zusammenhang. Das trifft für fast jeden Zehnten in unserm Land zu. Ich kenne einen Unternehmer im Trockenbau, der Analphabet ist. Zum Glück macht ihm der Steuerberater den kompletten »Schriftkram«. Aber die wenigsten haben solches Glück.

Was ist zu tun? Es gilt, Arbeitsplätze im Bereich Dienstleistungen zu schaffen, die auch Menschen mit einfachen Voraussetzungen eine Chance bieten. So gibt es zum Glück schon den Beruf des Umzugshelfers. Mit geregelter Ausbildung und fester Anstellung, eine Art »Schreiner light«, spezialisiert auf die Arbeit in Umzugsfirmen.

In Stuttgart hat die Robert-Bosch-Stiftung den Beruf des Servicehelfers im Gesundheitswesen entwickelt. Er oder sie arbeitet im Krankenhaus und in Seniorenheimen. Er macht genau das, was viele Kranke und Senioren schätzen: Vorlesen, zum Friseur fahren, zum Gottesdienst und zur Bastelstunde begleiten. Mit in den Park gehen, wenn die Sonne scheint. Oder auch das Essen bringen, beim Essen helfen, wenn das nötig ist. So werden die Pflegekräfte entlastet und können sich auf ihre spezialisierten Aufgaben konzentrieren. Die Erfahrungen sind sehr gut. Wenn der Servicehelfer oder die Servicehelferin mal fehlt, fragen die Patienten: »Wo bleibt denn der Kevin? Er wollte doch mit mir Rummikub spielen?!«

Gerade Menschen mit scheinbar geringen Fähigkeiten haben oft eine besondere Begabung zur Empathie, sie können sich in alte und kranke Menschen einfühlen! Es gilt also, feste Organisationsstrukturen der Berufswelt in Bewegung zu bringen, umzudenken. So wie man vor dreißig Jahren noch kaum an Hospize dachte, so ist hoffentlich in zehn Jahren der Servicehelfer ein Muss in jedem Krankenhaus oder Seniorenheim.

Franz Meurer

GOTT IM HIMMEL HAT AN ALLEN SEINE LUST, SEIN WOHLGEFALLEN, KENNT AUCH DICH UND HAT DICH LIEB.

Aus: Weißt du wie viel Sternlein stehen, von Wilhelm Hey

 dovele @dovbenari 30 Sep
Wenn jemand vergisst, is scho schlimm genug. Aber, wenn jemand bei lebendigem leib vergessen wird, is grausig #demenz
Öffnen

Quelle: Twitter.com, 30.10.2013

Aus der Heiligen Schrift:

Jetzt aber – so spricht der Herr, der dich geschaffen hat, Jakob, und der dich geformt hat, Israel: Fürchte dich nicht, denn ich habe dich ausgelöst, ich habe dich beim Namen gerufen, du gehörst mir. Wenn du durchs Wasser schreitest, bin ich bei dir, wenn durch Ströme, dann reißen sie dich nicht fort. Wenn du durchs Feuer gehst, wirst du nicht versengt, keine Flamme wird dich verbrennen.

Aus dem Buch des Propheten Jesaja 43,1-3

WEISST DU, WIE VIEL STERNLEIN STEHEN?

Das Eindrücklichste bei Demenz ist vermutlich der schrittweise Abschied von der Welt, wie wir sie kennen. Es ist wie eine Lampe, die langsam heruntergedimmt wird. Ein Feuer, das im Kamin herunterbrennt, mit einer prasselnden Flamme, die ein lange Jahre getrocknetes Stück Holz mit kräftigen gelben Zungen verschlingt und in ein stilles Häuflein Glut verwandelt. Eine Spieluhr, die mit jeder Sekunde, die sie erklingt, langsamer wird und weicher im Ton und bei der man schon weiß, dass irgendwann eine letzte Note in der Luft stehen bleibt, kurz nur, bis alles verstummt.

Am Anfang ist es das verlorene Fahrrad, das ihre aufmerksame Nachbarin findet und zurückbringt. Die nicht verbrauchten Vorräte, die die Schränke überquellen lassen. Die Geschichten, die erzählt werden, wieder und wieder. Dann verschwinden die ersten Worte, eine tastende Stille tritt in Sprechlücken. Strukturen und Formen bekommen eine andere fremde Bedeutung. Große Bäume sind nur noch ein großes Was, das bewundert wird, aber auch ein bisschen unheimlich ist. Das Linoleum ist auf einmal kein Stück Fußboden mehr, der dem Schritt festen Halt gibt, sondern der Beginn einer bedrohlichen, unerkannten, fragenden Untiefe. Namen, Daten, Heimat, Zusammenhänge – alles verblasst. Allein ein umwerfendes Lächeln bleibt, zunächst, wenngleich es oft Unsicherheit überspielt.

Dann stockt die Bewegung. Die Ausflüge in die Konditorei werden selten, wo der respektvolle Blick allsonntäglich auf einen der Nachbartische fällt, an dem der alte Mann, gezeichnet durch einen Schlaganfall und nicht mehr in der Lage zu sprechen, mit seiner Frau, die das gleiche Schicksal teilt und noch Ärgeres, da sie nicht mehr gehen kann, schweigend und doch in tiefer gegenseitiger Zuneigung einen Rest von sonntäglicher Kultur zelebrieren. Die Ausflüge werden zu Spaziergängen, bei denen nun ihr Rollstuhl an der dichten Brombeerhecke entlang und über den leicht geschotterten Pfad an einer Pferdekoppel vorbei geschoben wird. Sie enden oft auf dem Friedhof. Dort werden Gräber bestaunt und tränenselig gefeiert, und die üppigen Geranien, Begonien und Petunien mögen tief drinnen in den Tiefen der Vergangenheit eine Erinnerung anschlagen, ein leises Glöcklein, eine Erinnerung an die Jahreszeiten im heimischen Schrebergarten, wer weiß das schon.

Dann versiegen die Begriffe, Worte, ja auch die Namen. Sie werden zu Anfängen von Silben, einem Ffft oder einem Schm, dann zu einem Hauch bloß, einem leisen girrenden Ton beim Ausatmen. Und dann: Stille. Nur noch ein gelegentliches Seufzen. Und auch der Blick wird still, als ob die Augen in ein fernes Nirgendwo blicken, durch Menschen, Wände, Böden hindurch den Kontakt suchen in einem unergründlichen Irgendwo. Dann bleibt nur noch das Tasten, Fühlen und Streicheln übrig, ihr Daumen, der minutenlang über den hingereichten Handrücken fährt, wieder und wieder. Der leichte Gegendruck des Armes, wenn man ihn bewegt.

Eine Zeit lang war die Mundorgel oder ein anderes Liederbüchlein ein wichtiges Utensil bei den Besuchen gewesen. Dann saß man im Garten, in Sichtweite des Pflaumenbaums oder unter dem süßen Traubenvorhang, und blätterte nach Liedern, sang und wartete darauf, dass eines eine Resonanz fand – zum Beispiel: »Bunt sind schon die Wälder, gelb die Stoppelfelder – und der Herbst beginnt.« Da war ein Mitsingen, wenngleich zum Schluss auch nur noch von einzelnen Wörtern.

Manchmal sangen wir auch dieses Lied:

> Weißt du wie viel Sterne stehen
> an dem blauen Himmelszelt?
> Weißt du wie viel Wolken gehen
> weithin über alle Welt?
> Gott, der Herr, hat sie gezählet,
> dass ihm auch nicht eines fehlt,
> an der ganzen großen Zahl,
> an der ganzen großen Zahl.

Am Anfang fiel sie noch ein und versuchte manche Zeile mitzusingen. Das gelang nie so sicher wie bei »Bunt sind schon die Wälder«, wo sie niemals bis zum Schluss die Zeile mit den gestreiften Pfirsichen vergaß. Doch auch später, als sie nicht mehr mitzusingen vermochte, sangen wir es hin und wieder vor. Es gibt wohl kaum ein Kinder- oder Wiegenlied wie dieses, das auch den abgebrühtesten und abgezocktesten Menschen anzurühren vermag. Das mag an der Melodieführung liegen, an seiner schlichten und doch runden Harmonie. Viel mehr berührt aber das Bild von Gott, das der Dichter und Pfarrer Wilhelm Hey im 19. Jahrhundert in diesen Text gelegt hat und das sich so zusammenfassen lässt: Es gibt nichts, rein gar nichts, was Gott egal wäre. Wer dieses Lied hört, mag spüren, wie sehr dieses Bild trägt und trösten kann, das in der zweiten Strophe sogar noch gesteigert wird:

> Weißt du wie viel Mücklein spielen
> in der hellen Sonnenglut?
> Wie viel Fischlein auch sich kühlen
> in der hellen Wasserflut?
> Gott, der Herr, rief sie mit Namen,
> dass sie all' ins Leben kamen.
> Dass sie nun so fröhlich sind.
> Dass sie nun so fröhlich sind.

Gott hat für alles und jedes einen Namen. Das mag mancher als einen romantischen Gedanken abtun (vor allem der, der gerade wieder mal von einer Mücke gepiesackt worden ist). Und doch ist das nicht die Phantasie eines Retro-Theologen, der einen Kontrapunkt gegen die zunehmend rationale Theologie der Zeit setzen wollte. Denn es steht dahinter die tröstende Zusage, die Jesaja wiederholt: dass Gott uns beim Namen ruft. Und wer einen Namen trägt, der wird nie dem Vergessen anheimfallen. Ein Name ist der erste Widerstand gegen die schwarze Angst der Sinnlosigkeit.

> Weißt du wie viel Kinder schlafen,
> heute Nacht im Bettelein?
> Weißt du wie viel Träume kommen
> zu den müden Kinderlein?
> Gott, der Herr, hat sie gezählet,
> dass ihm auch nicht eines fehlt,
> kennt auch dich und hat dich lieb,
> kennt auch dich und hat dich lieb.

Der Text vermag zynisch wirken, denkt man an Kinder, die in gekenterten Flüchtlingsbooten im Meeresgrund versinken. Oder die weder ein »Bettelein« haben noch eine Liege, geschweige denn überhaupt ein ruhiges Plätzchen. Oder zeichnen wir es weniger dramatisch: die nicht schlafen können, weil sie Angst vor dem nächsten Tag haben – vor der Schule und ihren Anforderungen, die sie nicht loslässt. Vor dem Vater und seinen Erwartungen. Die keine Träume haben, weil sie schon ausgeträumt waren, bevor sie überhaupt entstanden. Und doch ist das Bild eines Gottes, der alle Kinder zählt, damit ihm keines fehlt, ein Gott, der dich kennt und liebt, unglaublich wichtig, weil es eine Kernbedeutung von Religion beschreibt: den Trost. Nicht im beschwichtigenden Sinn einer Vertröstung, die je gerade signalisiert, wie gleichgültig alles ist. Sondern im harten existenziellen Sinn: weil kein Leben vergebens sein darf. Weil Gott ins Recht setzt, keinen Platz hat für Unrecht.

> Weißt du, wie viel Kinder frühe
> stehn aus ihrem Bettlein auf?
> Dass sie ohne Sorg und Mühe
> fröhlich sind im Tageslauf?
> Gott im Himmel hat an allen
> seine Lust, sein Wohlgefallen.

Kennt auch dich und hat dich lieb.
Kennt auch dich und hat dich lieb.

So endet das Lied. Ein starkes Bild: Ein Mensch, der von aller Welt vertröstet wurde, dessen Namen niemanden recht interessiert, wird von Gott niemals vergessen, sondern ins Recht gesetzt. Und andersherum: Wenn ein Mensch, die Frau, die ich kenne, in das Vergessen hineindämmert, bei lebendigem Leib von sich selbst vergessen wird und sich die eigene Identität, die eigene Geschichte nicht mehr erschließen kann, ist sie bei Gott dennoch niemals verloren.

Peter Otten

SO SCHÖN WIE HIER KANN'S IM HIMMEL GAR NICHT SEIN

Christoph Schlingensief

23.7.2013, 21:00 Uhr
Die Libelle, die ich gestern am Terrassenfenster sah und der ich den Weg ins Freie mehrfach gewiesen hatte, bis sie für mich nicht mehr zu finden war: Jetzt liegt sie auf den Fliesen. Ich beobachte das Wunderwerk auf dem Boden. Es liegt in den letzten Zügen. Nur ein Beinchen zuckt noch. Oder auch nicht. Ich trage das Insekt vorsichtig in eine windgeschützte Ecke der Terrasse. Ich platziere einen winzigen Wassertropfen nah an seinen Mund und beobachte lange die vielleicht nur noch vom Wind bewegten Arme.
Sie ist tot.
Ich schiebe den Leichnam in eine Streichholzschachtel. Mit C. bestatte ich die Libelle am Ufer.

Quelle: Blog von Wolfgang Herrndorf

> Aus der Heiligen Schrift:
> So erreichten sie – zwei Jünger und Jesus, den sie aber nicht erkennen – das Dorf, zu dem sie unterwegs waren. Jesus tat, als wolle er weitergehen, aber sie drängten ihn und sagten: Bleib doch bei uns; denn es wird bald Abend, der Tag hat sich schon geneigt. Da ging er mit hinein, um bei ihnen zu bleiben. Und als er mit ihnen bei Tisch war, nahm er das Brot, sprach den Lobpreis, brach das Brot und gab es ihnen. Da gingen ihnen die Augen auf und sie erkannten ihn; dann sahen sie ihn nicht mehr. Und sie sagten zueinander: Brannte uns nicht das Herz in der Brust, als er unterwegs mit uns redete und uns den Sinn der Schrift erschloss? Noch in derselben Stunde brachen sie auf und kehrten nach Jerusalem zurück. Und sie fanden

die Elf und die anderen Jünger versammelt. Diese sagten: Der Herr ist wirklich auferstanden und ist dem Simon erschienen. Da erzählten auch sie, was sie unterwegs erlebt und wie sie ihn erkannt hatten, als er das Brot brach.

Lukasevangelium 24,28-34

EMMAUS LIEGT IN BERLIN

»Jeder Tod ist traurig«, schrieb Felicitas von Lovenberg im August letzten Jahres in der FAZ. »Dieser jedoch wird vielen Menschen das Herz brechen.« Der Autor Wolfgang Herrndorf war gestorben. Er hatte seinem Leben an einem Kanal in Berlin ein Ende gesetzt, mit einer Pistole. Vor allem sein hochgelobtes Buch »Tschik«, ein Abenteuerroman und Roadmovie über zwei ungleiche Ausreißer in Berlin hatte da schon längst ein Millionenpublikum gefunden. Das Werk gehöre, schrieb von Lovenberg in ihrem Nachruf, zu den wenigen Büchern, »die einen durchs Leben begleiten, weil all das, was man sonst besser fühlen als sagen kann, darin enthalten ist: Überschwang und Wehmut, Glück und Freundschaft, Einsamkeit und Endlichkeit, überwölbt von der Sehnsucht nach dem einen, alles beglaubigenden Augenblick.« Von Lovenberg klang in diesem Nachruf, als sei sie wie seinerzeit die Jünger nach dem Tod Jesu auf einem traurigen Weg nach Emmaus, mit nichts als einem großen Rucksack voller schmerzlicher Erinnerungen an eine gemeinsame erfüllte Zeit, die vorbei ist. Und nicht wiederkommt.

Herrndorf hatte seit einigen Jahren eine unheilbare Krebsdiagnose. Seitdem schrieb er einen Blog und berichtete, erzählte und protokollierte seine Krankheit. Mal wüst, rau und verzweifelt, mal in sich gekehrt und einsilbig, mal poetisch und zart.

Ob Wolfgang Herrndorf wusste, dass – wäre es nach den Kindern gegangen – das Wort »Libelle« 2004 zum schönsten deutschen Wort gewählt worden wäre (und nicht das Wort »Habseligkeiten«, gefolgt von »Geborgenheit« auf dem zweiten Platz)? Und tatsächlich: Klingt das Wort nicht wie eine kleine Melodie? Libelle ... Oder ob er wusste, dass die meisten Libellen eine Lebenserwartung von sechs bis acht Wochen haben, manche gar nur von zwei Wochen? Dass sie also, mindestens nach menschlichen Maßstäben, eigentlich gar keine Zeit haben, zu dem zu werden, als das Herrndorf sie in seinen kargen Zeilen beschreibt: zu einem Wunderwerk.

Wie auch immer: Es spielt keine Rolle. Entscheidend ist, dass Herrndorf Augen hatte für dieses Insekt, und dass diese Libelle und ihr Schicksal ihm derartig maßgeblich erschienen, dass er ihre kurze Geschichte nicht verschwieg, sondern erzählte. Denn in diesen knapp 100 Worten verdichtet sich viel. Vielleicht sah der Autor in dem sterbenden Insekt, dem er in einer hilflosen und doch berührenden Geste einen Tropfen Wasser zu reichen versuchte, sein eigenes sinnloses Leiden oder das verfluchte Leiden vieler anderer Menschen. Tiere. Geschöpfe. Leiden, das nicht zu erklären oder zu beschwichtigen, auch nicht zu ignorieren oder wegzureden ist. Aber, wo es schon so viel ist, davon nicht zu schweigen, sondern zu sprechen.

Und er realisierte womöglich seine eigene Endlichkeit, sicher nicht zum ersten Mal, aber es scheint, er konnte ihr insofern besonders nachspüren, indem er – wie es ein Kind tut, das eine tote Amsel im Blumenbeet vergräbt – dem Sterben einen Ausdruck gab und, wie man meinen könnte, sogar einem stillen Wunsch Ausdruck verlieh: Dass alles und niemand, auch er selbst nicht, »einfach so« dahinsterben und vergehen, sondern dass auch er wie alles in der Schöpfung einen Ort bekommen möge im Tod, eine Form, einen Abschied. Und dass es Menschen geben möge, die

das Sterben bemerken, sein Sterben; das Leiden und Sterben von Menschen, die ihnen wichtig und wertvoll sind. Vor allem aber das Leiden und Sterben von Menschen, die niemanden mehr haben, keinen Wolfgang Herrndorf oder sonst wen, der das sagt, was zu sagen ist: dass sie Wunderwerke sind und bleiben, wie diese Libelle; und die, weil das so ist, sie nicht dem Vergessen überlassen, sondern sich an sie erinnern und ihrem Sterben eine Form und einen Ort geben.
Die Sehnsucht nach einem alles beglaubigenden Augenblick. Erstaunlich und tröstlich, dass Worte und Geschichten diese Sehnsucht ausdrücken können. Um nichts anderes geht es auch der Religion: Ausdrücke dafür zu finden, dass diese Zeit, dieses Leben, diese Welt stimmig sind. Wo es nicht mehr die Angst gibt, das Richtige oder Falsche zu tun oder zu fühlen. Dieser Augenblick passiert in Emmaus. Aber auch in Berlin, das ist der große Trost. Er drückt sich auch in dieser kleinen Geschichte über die Libelle aus, wo jemand spürt, dass der Tod eines kleinen Insekts mehr ist als der Tod eines kleinen Tieres. Und das Beste ist: dass Herrndorf diese Geschichte nicht für sich behält, sondern aufschreibt und erzählt, sodass andere Menschen sie lesen können und getröstet werden, weil auch sie eine Ahnung haben, dass es ihn gibt, diesen einen, alles beglaubigenden Augenblick, und dass er dann auf einmal da ist, wenn jemand das Richtige tut oder sagt. Oder einfach nur zur richtigen Zeit die richtige Geschichte erzählt und nicht verschweigt.
»8.11. 2012, 16:04 Uhr
Meine alte Kunstprofessorin, die schlimmste, menschlich unangenehmste Person, die mir in meinem Leben begegnet ist, hat nun auch ihren von kleinen Navigationssackgassen begleiteten, gut gelungenen Internetauftritt. (...)

Einer ihrer letzten Sätze, an den ich mich erinnere, geäußert auf einer der letzten Klassenbesprechungen: ›Jesus hat die Welt erlöst, das ist bewiesen.‹ Auf meine Frage ›Wie?‹ erhielt ich nie eine Antwort.«

(Aus dem Internetblog von Wolfgang Herrndorf)

Verkündigt das Evangelium, und wenn es nötig sein sollte, dann auch mit Worten. Sagt Papst Franziskus.

Peter Otten

DAS SCHWEIGEN DES HIMMELS
Amos Oz

Der Schweizer Filmemacher Daniel Young hat in Tanger eines der letzten Interviews mit dem US-Schriftsteller Paul Bowles (gest. am 18.11.1999) geführt und dann einen Dokumentarfilm über ihn gemacht. Der Tagesanzeiger in Zürich fragte Young nach der Begegnung vor dem Tod.
Tagesanzeiger: Hat er gewusst, dass er bald sterben würde?
Daniel Young: Ich habe ihn das auch gefragt, und er hat mich nur erstaunt angesehen, im Stil von: was für eine seltsame Frage – schau mich doch an!
Quelle: Interview mit Daniel Young auf www.tagesanzeiger.ch (03.04.2013)

> Aus der Heiligen Schrift:
> Kannst du für die Toten Wunder tun?
> Stehen die Schatten auf, preisen sie dich?
> Wird im Grab von deiner Freundlichkeit erzählt?
> Von deiner Verlässlichkeit am Grund der Zerstörung?
> Werden in der Finsternis deine Wunder bekannt?
> Deine Gerechtigkeit im Land des Vergessens?
> Psalm 88,11-13

KARSAMSTAG
Der Karsamstag ist ein Tag ohne liturgische Feier. Also der einzige Tag im Jahr ohne Heilige Messe. Warum?
Im Katechismus der katholischen Kirche steht unter Nr. 636: »Mit ›hinabgestiegen in das Reich des Todes‹ bekennt das Glaubensbekenntnis, dass Jesus wirklich gestorben ist und durch seinen Tod für uns den Tod und den Teufel besiegt hat.« Der Katechismus zitiert dann eine alte Predigt zum Karsamstag: »Tiefes Schweigen herrscht heute auf Erden, tiefes Schweigen und Stille.«

Der Karsamstag ist die Fuge, der Zwischenraum. Ohne Abstand können nicht einmal zwei Keramikkacheln an der Wand haften. Ohne Karsamstag kann es Karfreitag und Ostern nicht geben.

In der Nacht des 23. September 1574 zeichnet der Heilige Johannes vom Kreuz ein kleines Bild. Seine Federzeichnung zeigt den toten Jesus am Kreuz, allerdings aus einer ungewöhnlichen Perspektive. Der Blick richtet sich von oben auf den Gekreuzigten; als ob der Betrachter fliegen könnte, als ob Johannes vom Kreuz, als er zeichnete, im Hubschrauber gesessen hätte.

Die Vision des Johannes zeigt den Blick Gottes des Vaters auf den toten Sohn am Kreuz. Der Vater sagt nichts, er schaut auf sein totes Kind und ist, in diesem Blick, im Geist, mit ihm verbunden.

Es ist eine visionäre Zeichnung des Dreifaltigen Gottes am Karsamstag. Sie drückt aus, dass Jesus auch im Tod nicht verloren ist, solange ihn jemand anblickt, solange ihm jemand verbunden ist. Vor Johannes hatte nie jemand so auf das Kreuz geschaut. Das Moderne ist der Blickpunkt, der *point of view*.

Für unseren Zugang zum Geheimnis der Auferstehung Jesu kann diese Zeichnung sehr hilfreich sein. Sie hilft uns zu fragen:

- Lasse ich in meinem Glauben den Karsamstag fruchtbar werden?
- Bin ich bereit zu Schweigen und Stille?
- Gehe ich das Wagnis ein, aus der Blickrichtung Gottes mit auf den toten Jesus zu schauen?

Wir leben als österliche Menschen, wenn wir einander anschauen. Der Auferstandene erscheint den Jüngerinnen und Jüngern, damit sie ihn anblicken können.
In der Osternacht hören wir im Evangelium: »Plötzlich begegnete den Frauen Jesus und sagte: Seid gegrüßt! Sie gingen zu ihm hin, umfassten seine Füße und beteten ihn an.«

Franz Meurer

MACHST DU MIR DIE HÖLLE HEISS, WIRD DEIN HIMMEL KALT

Manfred Hinrichs

Jerusalem ist die Stadt der drei großen monotheistischen Religionen – gewaltfrei ist sie deshalb nicht. Quelle: Wikimedia commons

Aus der Heiligen Schrift:

Unter den Aposteln entflammte ein Wetteifer, wer von ihnen am größten sei. Jesus sagte zu ihnen: »Die Könige und Königinnen der Völker herrschen, indem sie Gewalt über die Menschen ausüben und sich doch ›Wohltäter‹ nennen lassen. Ihr nicht! Vielmehr sollen diejenigen unter euch am größten sein, die am kleinsten sind, und die Führenden sollen Dienende sein. Wer ist größer: Wer sich bedienen lässt bei Tisch oder wer selbst dient? Ist es nicht, wer bei Tisch liegt? Ich bin unter euch wie ein Dienender.

Lukasevangelium 22,24–27

GEWALT UND GLAUBE

Der Glaube an den einen Gott, der Monotheismus, fördert die Bereitschaft zur Gewalt. Diesen ernst zu nehmenden Vorwurf formulierte der Ägyptologe Jan Assmann 2003 in seinem Buch »Die Mosaische Unterscheidung«. Mit der Offenbarung Gottes an Mose und das Volk Israel setzt sich im Laufe der Zeit der Ein-Gott-Glauben durch. Also kann man klar unterscheiden, was wahr und falsch ist, gut und böse. Es gilt: »Du sollst neben mir keine anderen Götter haben«; dies ist das erste der zehn Gebote, die Moses empfängt (Buch Deuteronomium 5,6).

Religiöse Intoleranz kann leider aus dem Glauben an den einen Gott erwachsen. Papst Benedikt XVI. hat noch als Kardinal Ratzinger bei seiner Predigt im französischen Caen zum 60. Jahrestag der Befreiung Europas durch die Invasion der Alliierten gesagt: »Gott oder die Gottheit kann zur Verabsolutierung der eigenen Macht, der eigenen Interessen werden.« Das geschieht zum Beispiel dann, wenn sich ein Mächtiger oder eine Gruppe in der Gesellschaft durch »göttliche Vorsehung« zur Macht und Vorherrschaft berufen sieht und sich allein auf der Seite der Wahrheit und Gottes wähnt, während andere dagegen stehen.

Wie kann man das verhindern?

Im Blick auf Jesus. Er macht klar, dass Gott sich den Opfern zuwendet, dass er auf der Seite der Kleinen, der Armen, der Verfolgten steht. Die Jünger Jesu wollen groß sein. Oft fragen sie Jesus, wer denn der größte sei, wer auf den ersten Plätzen sitzen darf. Die Antwort Jesu: »Der Größte unter Euch soll dem Kleinsten gleich werden und der Führende dem Dienenden.« Und dann sagt Jesus von sich selbst: »Ich aber bin unter Euch wie der, der bedient.«

Also macht sich der Gott der Christen nicht groß, sondern klein. Er entäußert sich, wie Paulus schreibt, er nimmt in Jesus unsere Menschennatur an, in allem uns gleich, außer der Sünde. So kann man sagen: Das Christentum ist keine starke Religion, sondern eine schwache. Dies ist sozusagen die Sicherung gegen einen Missbrauch des Glaubens an den einen Gott. Die Sicherung springt raus, wenn der Glaube zur Exklusion führt, zum Ausschluss derer, die nicht mitziehen. Nach dem Motto: »Willst Du nicht mein Bruder sein, dann ...!« Gewalt geht gar nicht. Schon im Diognetbrief im 2. Jahrhundert nach Christus heißt es über den Gott der Christen: »Gewalt ist nicht in ihm.« Es gibt ein Gebot, das nur die Christen haben, keine andere Religion: die Feindesliebe. Jesus sagt: »Liebt Eure Feinde und betet für die, die Euch verfolgen.« Rein menschlich geht das kaum, nur als Frucht eines Glaubens, der auf Gewalt verzichtet.

Franz Meurer

SOLL FEUER VOM HIMMEL FALLEN?

Nach einem Ruf des Propheten Elia in der Hebräischen Bibel, 2. Buch der Könige 1,10

Quelle: Zeit online, 21.08.2013. © Foto: Bassum Khabien/Reuters

Aus der Heiligen Schrift:
Dann wird der Wolf beim Lamm als Flüchtling unterkommen, und der Leopard wird beim Böckchen lagern;
Kalb, Junglöwe und Mastvieh leben zusammen, ein kleines Kind hütet sie.
Kuh und Bärin werden weiden, gemeinsam werden ihre Jungen lagern.

Und der Löwe wird wie das Rind Stroh fressen.
Der Säugling wird vergnügt an der Höhle der Kreuzotter spielen,
und nach dem Loch der Giftschlange
wird das Kleinkind mit seiner Hand patschen.
Sie werden nichts Böses tun und kein Verderben mehr anrichten
auf dem ganzen Berg meiner Heiligkeit,
denn die Erde ist erfüllt mit Erkenntnis Gottes,
wie die Wasser im Meer den Boden bedecken.

Aus dem Buch des Propheten Jesaja 11,6-9

KRIEG UND FRIEDEN

Wäre es richtig, in den Bürgerkrieg in Syrien einzugreifen, etwa nachdem chemische Waffen eingesetzt wurden? Kann die Lehre der Kirche bei der Beurteilung helfen?

Papst Johannes Paul II. hat vor Ausbruch des Irakkrieges glasklar gesagt: »Wenn Krieg geführt wird, ist das immer eine Niederlage der Menschheit.« Also ist der einzig mögliche Hintergrund für weitere Überlegungen der Blick auf die Opfer des Krieges, die Toten, Verletzten und Heimatlosen. Also ist ein Eingreifen ein Akt der Notwehr, wenn er überhaupt verantwortet werden kann.

Aus der Botschaft Jesu lässt sich auch ein radikaler Pazifismus begründen, also der Verzicht auf jede Gewalt, auch aus Notwehr! Leben nach dem Wort Jesu: »Wer Dich auf die rechte Wange schlägt, dem halte auch die linke hin.«

Anders die Lehre der Kirche zu Krieg und Frieden. Sie geht davon aus, dass fast jede Handlung des Menschen eine doppelte Wirkung hat, also Gutes wie Schlechtes bewirkt. Zum Beispiel Autofahren. Gut ist: Man kommt schnell voran. Schlecht ist: Man gefährdet automatisch andere. Abwägen ist nötig. Beim Autofahren sind einige Abwägungen ganz klar geregelt: Mit

Alkohol geht gar nicht. Das muss auch bestraft werden, die Gefährdung der Anderen ist zu groß. Oder: Brillenträger müssen die Brille aufsetzen, das steht sogar im Führerschein.

Ähnlich entwickelt die Kirche die Überlegungen zu Krieg und Frieden. Der Katechismus der Katholischen Kirche formuliert: »Jede Kriegshandlung, die auf die Vernichtung ganzer Städte oder weiter Gebiete und ihrer Bevölkerung unterschiedslos abstellt, ist ein Verbrechen gegen Gott und gegen den Menschen, das fest und entschieden zu verwerfen ist (Konzilsdokument Gaudium et Spes 80,4). Eine Gefahr des modernen Krieges ist es, den Besitzern hochtechnisierter, insbesondere atomarer, biologischer oder chemischer Waffen Anlass zu solchen Verbrechen zu geben.«
(Absatz 2314)

Um ein solches Verbrechen zu verhindern oder zu beenden, kann der Einsatz von Gewalt richtig sein, als Notwehr. Hierfür gelten vier Bedingungen, die alle gleichzeitig erfüllt sein müssen:

- Der Schaden, der der Nation oder der Völkergemeinschaft durch den Angreifer zugefügt wird, muss sicher feststehen, schwerwiegend und von Dauer sein.

- Alle anderen, gewaltfreien Mittel, dem Schaden ein Ende zu machen, müssen sich als undurchführbar oder wirkungslos erwiesen haben.

- Es muss ernsthafte Aussicht auf Erfolg bestehen.

- Der Gebrauch von Waffen darf nicht Schäden und Wirren mit sich bringen, die schlimmer sind als das zu beseitigende Übel.

Nur wenn alle diese vier Bedingungen erfüllt sind, kann der Einsatz militärischer Gewalt als *Notwehr*maßnahme gerechtfertigt sein.

Das Ziel dieses Eingreifens aus Notwehr muss die Wiederherstellung des Friedens sein. Was dies beinhaltet, beschreibt der Katechismus:

»Damit das Menschenleben geachtet wird und sich entfalten kann, muss Friede sein. Friede besteht nicht einfach darin, dass kein Krieg ist; er lässt sich nicht bloß durch das Gleichgewicht der feindlichen Kräfte sichern. Friede auf Erden herrscht nur dann, wenn die persönlichen Güter gesichert sind, die Menschen frei miteinander verkehren können, die Würde der Personen und der Völker geachtet und die Brüderlichkeit unter den Menschen gepflegt wird.«
(Absatz 2304)

Franz Meurer

KNOCKING ON HEAVEN'S DOOR
Bob Dylan

Die Mischung aus Ehrenwort eines Ehrenmannes und schlichter Logik, mit denen Mandela die Verhandlungen mit dem Apartheidregime betrieb, erwies sich als unwiderstehlich. Eines der besten Beispiele dafür war der Umgang mit General Constand Viljoen, der ein Jahr vor den ersten Wahlen 1994 durch das Land reiste, um »bewaffnete Widerstandskommandos« zu organisieren. Mit anderen Worten: Terrorzellen. Mandela nahm auf Umwegen Kontakt zu dem ehemaligen Generalstabschef der südafrikanischen Armee auf und bot ihm ein Treffen an. Wie Viljoen in seinen Erinnerungen schreibt, war er auf eine aggressive Begegnung mit einem hartgesottenen Kommunisten gefasst. Stattdessen traf der General auf einen warmherzigen Gesprächspartner, der ihn mit einem breiten Grinsen begrüßte, ihm Tee einschenkte und den Buren danach mit detailliertem Wissen über die Geschichte und vor allem die Ängste der weißen Südafrikaner verblüffte. Drei Treffen später blies Viljoen seine Kampagne ab. Statt einen Guerillakrieg zu beginnen, gründete Viljoen die Partei »Freedom Front«, gewann auf Anhieb ein Mandat, und als Mandela als erster schwarzer Präsident des Landes vor das Parlament in Kapstadt trat, salutierte der General.

Quelle: Frankfurter Allgemeine Zeitung vom 6.12.2013

> Aus der Heiligen Schrift:
> Dann wird ein Zweig aus dem Baumstumpf Isais austreiben, und ein Spross wächst aus seiner Wurzel heraus. Auf dieser Person wird der Geisthauch Gottes ruhen, der Geisthauch der Weisheit und Einsicht, der Geisthauch des Rates und der Stärke, der Geisthauch der Erkenntnis und der Ehrfurcht vor Gott.

Sie wird Wohlgefallen an der Ehrfurcht vor Gott haben. Nicht nach dem Augenschein wird sie Recht aufrichten, nicht nach dem Hörensagen Ausgleich schaffen. Vielmehr wird sie in Gerechtigkeit die Schwachen richten, in Aufrichtigkeit für die Armen des Landes entscheiden, wird das Land mit dem Stock ihres Mundes schlagen und mit dem Hauch ihrer Lippen die töten, die Böses tun.

Dann wird sie Gerechtigkeit als Gürtel um ihre Hüften und die Treue als Gürtel um die Taille tragen. Dann wird der Wolf beim Lamm als Flüchtling unterkommen, und der Leopard wird beim Böckchen lagern; Kalb, Junglöwe und Mastvieh leben zusammen, ein kleines Kind hütet sie. Kuh und Bärin werden weiden, gemeinsam werden ihre Jungen lagern, und der Löwe wird wie das Rind Stroh fressen. Der Säugling wird vergnügt an der Höhle der Kreuzotter spielen, und nach dem Loch der Giftschlange wird das Kleinkind mit seiner Hand patschen. Sie werden nichts Böses tun und kein Verderben mehr anrichten auf dem ganzen Berg meiner Heiligkeit, denn die Erde ist erfüllt mit Erkenntnis Gottes, wie die Wasser im Meer den Boden bedecken.

Aus dem Buch des Propheten Jesaja 11,1-9

DAS NELSON-PRINZIP

Dieses Stück aus dem Buch Jesaja gründet auf einer großen Frustration. Die Israeliten lebten in ihrem Gebiet damals ziemlich gefährlich. Mächtige Reiche um Israel herum, allen voran die Assyrer mit ihrem hoch aufgerüsteten Heer, bedrohten das Land, mordeten und plünderten. Dabei hatten die Israeliten doch große Erwartungen in ihr Königtum gesetzt. Mit König David hatte die Hoffnung begonnen, dass ein gerechter und kluger König an der Spitze ihre Heimat schützen und stärken würde. Aber die Hoffnung hatte getrogen. Die Könige verhielten sich nicht königlich. Sie handelten nicht nach Gottes Willen, sondern nach ihrem eigenen Vorteil. Nach dem Bild, das Jesaja zeichnet, soll das Königtum noch einmal von vorn beginnen, von Grund auf, von Anfang an. Daher das radikale Symbol von dem abgeschnittenen Baumstumpf, das Jesaja benutzt. Das korrupte Königtum soll abgesägt werden, mit ihm muss Schluss sein. Dann wird etwas ganz Neues wachsen, ein idealer neuer König, der Gott und den Menschen verbunden ist. Er soll Garant für die Unverdorbenheit einer politischen Neuordnung sein, eine neue Ordnung für alle Geschöpfe. Alles, was man in Israel bislang kannte, wird nicht mehr gelten. Alles wird umgekrempelt. Denn der Geisthauch Gottes wird in dieser Person wirken – weiß der Prophet. So wird der neue König weise und einsichtig sein, auf den Rat von anderen hören, eine innere Stärke haben, die Zeichen der Zeit erkennen und Ehrfurcht vor Gott haben. Im Grunde steckt in diesem Bild eine moderne Leitungskultur. Die Person wird in der Lage sein, fundierte Urteile zu bilden, bei Entscheidungen die Perspektive der Anderen, der Armen einnehmen können und das Land nicht mit Gewalt, sondern mit der Kraft von Argumenten regieren.

Und mit demjenigen, der so handelt, bricht das Friedensreich an, so darf man den Propheten Jesaja verstehen. »Dann wird der Wolf beim Lamm als Flüchtling unterkommen«, heißt es. Es gibt keine Jäger mehr und keine Gejagten. Keine Aggressoren und keine Ausgeplünderten. Die alten Stereotypen, der öde Kreislauf von Gewalt und Gegengewalt – weg. Für immer. Doch halt: Wer soll das um Himmels Willen hinkriegen? Sind das nicht Erwartungen, die heillos überfordern? Auch die korrekteste Leitungskultur, die größte Selbstdisziplin und der maximal mögliche Altruismus sind kein Direktflug ins Paradies.

Ende letzten Jahres ist Nelson Mandela gestorben. Sehr ausführlich haben die Medien an seine Lebensleistung erinnert. In einer der vielen Dokumentationen im Fernsehen berührte eine Episode besonders: als er diejenigen, die dafür sorgten, dass er 27 Jahre im Gefängnis verbringen musste, zum Essen bat. Auf die Frage, wie er ausgerechnet dies tun könne, antwortete Mandela: »Wir mussten den weißen Südafrikanern zeigen, dass sie keine Angst vor uns haben mussten. Wir mussten ihnen ihre Angst nehmen.« Ein erstaunlicher, geradezu übermenschlicher Gedanke: Der ehemals Unterdrückte hat Empathie für den Aggressor und entlarvt dessen Angst als Quelle für seine Aggression. Damit ist das biblische Bild auf eine sehr berührende Art und Weise Realität geworden. Das erwartete Schema von Gewalt und Gegengewalt ist unterbrochen – abgesägt. Ein zartes frisches Pflänzchen wächst aus der Schnittfläche. Der alte Aggressor Wolf hat tatsächlich beim Lamm Asyl gefunden. Die Logik mag übermenschlich sein, unverständlich, nicht zu erwarten. Unmöglich aber ist sie nicht – das zeigt das Lebenszeugnis Mandelas eindrucksvoll. Womit wir wieder bei Jesajas These wären: Es ist für den möglich, auf dem der Geisthauch Gottes ruht.

Diese großartige Jesaja-Visionsgeschichte vom paradiesischen Idyll hören Christinnen und Christen im Advent oder zu Weihnachten. Denn: Weihnachten ist ein Friedensfest. Das geht leicht, vielleicht allzu leicht über die Lippen. Aber in der Tat, jedes Jahr hören wir aufs Neue, wie die Engel auf den Feldern sagen: »Ehre sei Gott in der Höhe und Friede auf Erden bei den Menschen, die er liebt.« So einfach ist die Weihnachtsbotschaft tatsächlich. Der Friede ist bei dem, den Gott liebt. Und wieder sind wir bei dem großartigen Bild von Jesaja und auch der übermenschlichen Lebensleistung von Nelson Mandela: Denn einen Menschen lieben heißt, dem anderen zu zeigen, du brauchst keine Angst vor mir zu haben. Und daher brauchst du keine Ge-

walt anzuwenden. Das ist die Friedensbotschaft von Weihnachten: keine Angst mehr haben zu müssen.
Wie wertvoll diese Friedensbotschaft für eine große Zahl von Kulturen auf der Welt ist! Fast nirgends wird sie ignoriert. Fast überall sorgt sie für Aufmerksamkeit und überall ist es dieselbe Botschaft – gerade weil sie sich in verschiedene kulturelle Bräuche kleidet. Mal beschenken sich die Menschen am 6. Dezember, mal am Heiligen Abend, in England am Morgen des ersten Weihnachtstages, woanders am Silvestertag und vor allem in Ländern mit orthodoxer Prägung am 6. Januar. In Deutschland schreiben die Kinder einen Wunschzettel ans Christkind, in Spanien sagen sie ihre Wünsche den heiligen drei Königen, in den angelsächsischen Ländern bringt der Weihnachtsmann die Geschenke und in Russland kommt Väterchen Frost mit seiner Enkelin vorbei. Du brauchst keine Angst zu haben! Nicht vor dem fremden unbekannten Menschen. Nicht vor dem ungewöhnlichen Brauchtum, der fremden Sitte. Nicht einmal vor dem Weihnachtsmann. Weihnachten ist eben nicht das Fest, an dem alles weitergeht wie bisher: wo der Wolf das Lamm zerfleischt und der Aggressor den Unterdrückten nach Lust und Laune peinigt. Es ist nicht das Fest der Rechthaber, das Fest der Guten gegen die Bösen.
Es ist das Fest des »Nelson-Prinzips«: Hab keine Angst! Ich tu' dir nichts.

Peter Otten

WAS WIRKT, OHNE ZU HANDELN, HEISST DER HIMMEL

Zhuangzi, chinesischer Philosoph

Liebe Ursula, Mama, Oma, wir danken dir für unsere gemeinsame Zeit. Du hast uns Freude, Halt und Liebe geschenkt. Wir hätten noch viele Jahre gemeinsam mit dir leben wollen. Wir hätten dir noch mehr erfüllte Momente gewünscht. Tief im Herzen wissen wir, dass du jetzt auf einer »Blumenwiese« angekommen bist. Du bleibst für immer in uns lebendig.

Quelle: Aus einer Traueranzeige

> Aus der Heiligen Schrift:
> Jesus fuhr im Boot wieder ans andere Ufer hinüber und eine große Menschenmenge versammelte sich um ihn. Während er noch am See war, kam ein Synagogenvorsteher namens Jaïrus zu ihm. Als er Jesus sah, fiel er ihm zu Füßen und flehte ihn um Hilfe an; er sagte: Meine Tochter liegt im Sterben. Komm und leg ihr die Hände auf, damit sie wieder gesund wird und am Leben bleibt. Da ging Jesus mit ihm. Viele Menschen folgten ihm und drängten sich um ihn.
> Während Jesus noch redete, kamen Leute, die zum Haus des Synagogenvorstehers gehörten, und sagten (zu Jaïrus): Deine Tochter ist gestorben. Warum bemühst du den Meister noch länger? Jesus, der diese Worte gehört hatte, sagte zu dem Synagogenvorsteher: Sei ohne Furcht; glaube nur! Und er ließ keinen mitkommen außer Petrus, Jakobus und Johannes, den Bruder des Jakobus. Sie gingen zum Haus des Synagogenvorstehers. Als Jesus den Lärm bemerkte und hörte, wie die Leute laut weinten und jammerten, trat er ein und sagte zu ihnen: Warum schreit und weint ihr? Das Kind ist nicht gestorben, es

schläft nur. Da lachten sie ihn aus. Er aber schickte alle hinaus und nahm außer seinen Begleitern nur die Eltern mit in den Raum, in dem das Kind lag. Er fasste das Kind an der Hand und sagte zu ihm: Talita kum!, das heißt übersetzt: Mädchen, ich sage dir, steh auf!

Sofort stand das Mädchen auf und ging umher. Es war zwölf Jahre alt. Die Leute gerieten außer sich vor Entsetzen. Doch er schärfte ihnen ein, niemand dürfe etwas davon erfahren; dann sagte er, man solle dem Mädchen etwas zu essen geben.

Markusevangelium 5,21-24; 35-43

STEH AUF, MÄDCHEN!
EINE TRAUERREDE

Man kann Vieles richtig machen, wenn ein Mensch gestorben ist, der für einen die Welt bedeutet hat. Das Wichtigste aber ist wahrscheinlich, einander zu trösten. Vielleicht ist Trost sogar die wichtigste Aufgabe, oder besser: Eigenschaft von Religion. Trösten, nicht vertrösten. Im Wort »Trost« steckt übrigens der germanische Wortstamm »treu«. Im englischen Wort »trust« wird es ganz deutlich, worum es beim Trösten geht: Du kannst dich auf mich verlassen. Ich bleibe an deiner Seite, wenn es darauf ankommt. Ich bleibe dir treu in deinem Schmerz und in deiner Trauer. Ich gehe nicht weg.

Als ich die jetzt Verstorbene das zweite Mal im Krankenhaus besucht habe, fragte ich sie: Gibt es eine Geschichte in der Bibel, die dir viel bedeutet hat? Sie zögerte nicht lange und erzählte von diesem Stück aus dem Evangelium (Mk 5, 21-24; 35-42): von dem kleinen Mädchen, das gestorben ist, und ihrem Vater Jairus, der zu Jesus läuft und einfach das tut, was ein Mann tun muss, wenn das Liebste, das er hat, auf dem Spiel steht: das Leben seiner Tochter. Er holt Hilfe. Und ich fragte sie: »Was ist es, was dir an dieser Geschichte gut gefällt?« Sie sagte: »Es ist, wie Jesus zu dem Kind sagt: Mädchen, steh doch auf! Es klingt ein bisschen, als wenn Jesus sagen würde: Lass dich nicht so hängen!« Leider sind wir nicht mehr dazu gekommen, über diese Geschichte tiefer zu sprechen. Dazu hat die Zeit nicht mehr gereicht. Aber ich habe viel über ihren Satz nachgedacht: »Es klingt, als wenn Jesus sagen würde: Lass dich nicht so hängen.«

Ich habe, als ich das Krankenhaus verließ, gedacht: Wahrscheinlich ist sie ein Mensch, der es nicht leiden kann, sich hängen zu lassen. Sie ist gestorben. – Ihr gefiel es, die Dinge in die Hand zu nehmen, Sachen anzupacken, sich für etwas zu entscheiden und dann loszulegen: Das Haus. Die Familie. Die Gemeinde. Das große Netzwerk, in das sie eingebunden war und das sie maßgeblich mitgeprägt hat. Der Garten. Und auch ihre Krankheit. Ihr Schwiegersohn hat am Sonntag noch von ihrer Reise nach Borkum in diesem Sommer erzählt: Wie sie sich auch äußerlich verändert hatte, wie sie einen farbigen Schal trug, Symbol dafür, dass sie nichts anderes wollte als leben. Und vermutlich fiel es ihr schwer zu ertragen, dass ihre Kräfte nachließen. Nicht hängen lassen!, mag sie gedacht haben. Nicht hängen lassen. Nicht kraftlos werden. Lieber immer wieder das Mädchen sein, jung ins Leben hineinwachsen. Das kleine Mädchen, zu dem Jesus sagt: Talita kum! Steh auf! Und dann tatsächlich aufstehen, unverzüglich. Vielleicht war es das, was die Verstorbene an dieser Geschichte fasziniert hat, weil es sie an etwas erinnert hat: Dass sie tatsächlich oft in ihrem Leben gespürt hat, wie da einer kommt, als es schwer wird, und zu ihr sagt: »Talita kum! Steh auf, Mädchen! Steh doch auf...!« Nicht hängen lassen. Um im Krankenhaus zuletzt doch zu spüren: Lieber Gott, es reicht nicht mehr... dein Talita kum. Jetzt reicht es nicht mehr.

In der Geschichte sind es die Leute des Jairus, des Synagogenvorstehers, die eigentlich von der Sache mit der Religion, die vor allem doch auch die Sache mit dem Trost ist, etwas verstehen müssten, und die doch zu Jairus sagen: »Lass doch Jesus in Ruhe! Geh ihm doch nicht auf die Nerven! Es ist zu spät! Das Mädchen schafft es nicht. Sie ist tot! Finde dich damit ab!«

Was macht Jesus? Er sagt zu Jairus: Sei ohne Furcht! Glaube! Und er nimmt nur seine engsten Begleiter mit in das Zimmer, die Eltern auch. Die Besserwisser, die mit lautem Reden ihre eigene Angst übertünchen, vielleicht die Angst vor der eigenen Endlichkeit – die müssen draußen bleiben. Die aber, die ihre Furcht, ihre Angst und ihren Zweifel nicht ignorieren, aber doch auf die Kraft des Wortes von dem vertrauen, der da sagt: »Sei ohne Furcht. Ich bin treu« – die gehen mit rein. Und dann sagt Jesus etwas Ungeheuerliches: »Talita kum! Mädchen, steh auf!« Und das Mädchen steht auf, unverzüglich, heißt es, und geht umher. Und als sie umhergeht, denkt Jesus zunächst an das Naheliegende und Notwendige: Das Kind muss doch Hunger haben. Also gebt ihm zu essen.

Die Geschichte von dem Mädchen, das wieder aufsteht, ist aus der nachösterlichen Perspektive geschrieben. Die jungen Christen haben daran geglaubt, dass Jesus auferstanden ist. Doch was bedeutet das, auferstehen? Und was bedeutet es, daran zu glauben? Es ist so leicht dahergesagt. Es bedeutet wohl nichts anderes, als viele »Talita-kum-Geschichten« zu erleben, dass da also, wenn es darauf ankommt, Menschen kommen und sagen: »Talita kum! Steh auf, Mädchen!« Lass dich nicht hängen. So wie heute Morgen hier im Gottesdienst, in dem wir an die Verstorbene denken und für sie beten, wo ihr alle da seid, weil ihr ahnt, jetzt kommt es darauf an. Das hat die Verstorbene gespürt, glaube ich. »In meinem Leben gab es viele Talita-kum-Geschichten.« Aus dieser Kraft hat sie gelebt. Und mit dieser Kraft konnte sie auch sterben. Weil sie gespürt hat, dass selbst da, im Tod, jemand zu ihr sagen wird: Talita kum! Steh auf, Mädchen! Das ist ein Bild, das ich euch heute zum Trost mitgeben möchte. Es geht nicht darum, die Angst vor dem Tod zu verdrängen. Den Zweifel. Die Furcht. Trauer und Schmerz. Aber wir können all das überwinden, indem wir das tun, was die Verstorbene tat und dem sie sehr vertraut hat und aus dessen Kraft sie gelebt hat und das sie uns hinterlassen hat: Da ist einer, der sagt: Talita kum! Steh auf! Steh auf, Mädchen! Du schaffst das. Und wie oft haben wir, habt ihr euch gegenseitig in den letzten Tagen gesagt, als ihr euch gegenseitig aufgerichtet habt: Talita kum! Steh auf, Vater, Bruder, Schwester. In diesen Momenten hat Auferstehung schon angefangen.

Peter Otten

HIMMEL UN ÄÄD

Quelle: Zeit online. http://www.zeit.de/lebensart/2012-11/fs-sebastian-pranz-karneval-koeln, 11.11.2012. © Foto: Sebastian Pranz

Aus der Heiligen Schrift:
Wir sehen vorläufig nur ein rätselhaftes Spiegelbild, dann aber von Angesicht zu Angesicht. Heute erkenne ich bruchstückhaft, dann aber werde ich erkennen, wie ich von Gott erkannt worden bin. Jetzt aber leben wir mit Vertrauen, Hoffnung und Liebe, diesen drei Geschenken. Und die größte Kraft von diesen dreien ist die Liebe.

Aus dem Ersten Brief des Apostels Paulus an die Gemeinde in Korinth 13,12-13

JEDER JECK IST ANDERS

Im Rheinland heißt es: Jeder Jeck ist anders. Oder auch: Jeck loss Jeck elangs, das heißt: Lass dem andern seine Eigenart! Der Rheinländer als solcher ist ein Liberaler. Aber warum sollte man sich dann noch im Karneval verkleiden? Aus zwei Gründen. Zum einen weitet ein Rollenwechsel vergnüglich den Blick. Aus Spaß an der Freud, sagt der Rheinländer. Also Lebensfreude durch Maskierung.

Es gibt einen zweiten, tieferen Grund. Für unser Verhältnis zu Gott gilt das Gesetz der Analogie: Jede Aussage über Gott ist ihm unähnlicher als ähnlich. Das hört sich kompliziert an, ist aber ganz einfach: Gott begegnet uns immer in Verkleidung, wir erkennen ihn nie direkt. So sehen wir in Jesus das Bild des unsichtbaren Gottes, wie es Paulus ausdrückt. Jesus wiederum erkennen wir in allen Menschen in Not. »Was ihr dem geringsten meiner Brüder getan habt, das habt ihr mir getan!«

Dietrich Bonhoeffer sagt lapidar: Einen Gott, den es gibt, gibt es nicht. Dennoch dichtet er im Angesicht des Todes: »Von guten Mächten wunderbar geborgen, erwarten wir getrost, was kommen mag. Gott ist mit uns am Abend und am Morgen und ganz gewiss an jedem neuen Tag.«

Seien Sie vorsichtig, wenn jemand behauptet, er wisse, wie Gott ist. Das riecht nach Fundamentalismus.

Nehmen wir es lieber mit der Freude am Unterschied, mit Humor. Martin Buber hat gesagt: »Wenn ein Mensch nur Glauben hat, steht er in Gefahr, bigott zu werden. Hat er nur Humor, läuft er Gefahr, zynisch zu werden. Besitzt er aber Glaube und Humor, dann findet er das richtige Gleichgewicht, mit dem er das Leben bestehen kann.«

Der Karneval verhilft zum richtigen Gleichgewicht. Kurz vor der Fastenzeit, wenn es heißt: »Carne vale«, Fleisch ade. Also gehört zum Karneval der Aschermittwoch, wegen des Gleichgewichts.

Übrigens gibt es im Rheinland 10 Sakramente, nicht sieben, wie sonst in der katholischen Kirche. Das achte heißt: »Tant im Kluster«, also eine Tante, die im Kloster für die Familie betet. Das neunte: »Kreppsche luure«, also in der

Weihnachtszeit Krippen anschauen, die in den Kirchen aufgebaut sind. Das zehnte ist ein doppeltes: »Äschekrützje un Bläsiessäje«. Das eine direkt vor dem Karneval: der Blasiussegen, das andere direkt danach: das Aschenkreuz. Wenn das nicht hilft!

Franz Meurer

OPA HOPPENSTEDT KOMMT IN DEN HIMMEL. DIE ENTE BLEIBT DRAUSSEN

Nach Loriot

»Weihnachten wird unterm Baum entschieden.«
Quelle: Kampagnenslogan von Media Markt, 2011

> Aus der Heiligen Schrift:
> »Siehst du eine Person, die sich selbst für weise hält – für einen dummen Menschen gibt es mehr Hoffnung als für sie!«
> Aus dem Buch der Sprichwörter 26,12

WEIHNACHTEN WIRD UNTER'M BAUM ENTSCHIEDEN

In jedem Jahr beobachtet eine interessierte Öffentlichkeit den Kampf zwischen dem »guten« Nikolaus und dem »bösen« Weihnachtsmann. Der erste ist der gute Bischof aus dem Osten, der Frauen aus der Prostitution holte und hungernden Familien mit heimlichen Getreideschenkungen aus ihrer Notlage half. Der zweite ist die böse Erfindung des Kapitalismus, materialisierter Vorwand für Geschenkorgien, angeblich von Coca-Cola in die Welt gesandt, um den frommen Christenmenschen das mühsam verdiente Weihnachtsgeld aus dem Portemonnaie zu stibitzen. Ihn gilt es zu ächten und zu verhindern! Das hat das Bündnis »Weihnachtsmannfreie Zone« auf seine Aufkleber geschrieben. Das klingt nicht nur wie, ja genau: »ausländerfreie Zone«. Es scheint auch so gemeint zu sein: Der Weihnachtsmann als fieser Eindringling, der es auf die Schleifung der christlich-abendländischen Kultur abgesehen hat. Da sei der Nikolaussack vor! Dass auch die Erzählung vom Weihnachtsmann vor allem im Osten Europas in Verbindung mit dem einbrechenden Winter traditionelle Wurzeln hat – interessiert keinen.

2011 verlagerten sich die vorweihnachtlichen Kulturkämpfe jedoch unter den Weihnachtsbaum bzw. in die Weihnachtskrippe selbst. Ein großer Elektronikkonzern provozierte nicht nur christliche Gemüter mit dem Slogan »Weihnachten wird unterm Baum entschieden«. Die Innenstädte waren großflächig plakatiert, überall schrie die Menschen dieser Spruch an. Auf der Internetseite der Firma waren zusätzlich verschiedene Videos eingestellt. Sie zeigten, als seien sie mit einem billigen Camcorder oder mit dem Handy gemacht, leicht verwackelte und unscharfe kurze Filme von Weihnachtsbescherungen, die, sagen wir: aus dem Ruder laufen, zum Beispiel bei der freiwilligen Feuerwehr, in einer Familie mit Kindern oder bei einem Liebespaar. Sie wirkten sehr authentisch und zeigten nichts anderes als den alljährlichen Bescherungshorror: schreiende Kinder, zerrissenes Geschenkpapier, hysterische Mütter, achtlos beiseite geworfene Socken, Krawatten und Bücher – bis zum Schluss das Allerheiligste aus dem Geschenkewust geschält wird, das elektronische Gerät.
Mal ehrlich: Die Filmchen waren Paradebeispiele für gut gemachten Humor – und sie waren alle großartig. Besonders das Video mit dem bebrillten Jungen, der sich so über eine Play Station freut, als habe er gerade zwei Millionen Euro bei einem Streber-Fernsehquiz abgeräumt. Oder auch der Heavy-Metal-Freund, der sich mit seligem Gesichtsausdruck zwei riesige Boxen in die Küche stellt, die so groß sind wie vier übereinander gestapelte Küppersbusch-Backöfen – sehr komisch.
Loriot hätte seine Freude daran gehabt.
Wer musste dabei nicht an den Opa-Hoppenstedt-Wahnsinn denken, wo bizarrerweise unterm Weihnachtsbaum ein Kinderatomkraftwerk in die Luft flog? Und der mit der Szene endete, in der die Familie ihr Geschenkpapier im

Treppenhaus entsorgen wollte – wo ihr nur bereits alle anderen Familien im Haus zuvorgekommen waren und die Hoppenstedts, als sie die Wohnungstür öffnen, in einer Flut von zerrissenem Geschenkpapier versinken. Pech gehabt, da war man zu langsam beim Auspacken. Da hat man sich eine Spur zu lange gefreut. Wir sind alle Hoppenstedts, wenn wir beim Auspacken der Geschenke hoffen, dass in der Papiermülltonne noch genügend Platz sein möge! Und dass hoffentlich die Nachbarn die Deppen sind, die den Driss noch wochenlang im Keller stehen haben werden!

Oder wem fällt hier nicht Familie Heinz Becker ein, bei der jedes Jahr die verschollene Christbaumspitze einen Ehekrach heraufbeschwört? Die Weihnachtsplatte einen Sprung hat? Die Mutter scheinbar überlegt, was es denn zum Essen geben wird – und die Kartoffeln für den Kartoffelsalat längst gekauft sind? All diese Ironie fand man nun, wenn man genau hinsah, auch in diesen Spots: überflüssigen Elektrokram, Geschenkpapierfluten, Geschrei, verzogene Kinder, Väter am Schlagzeug, Krach, durchgedrehte Typen. Es war der Blick durchs Schlüsselloch. Das Unangenehme aber war: Es war das Schlüsselloch zum eigenen Zuhause. Ertappt!

Nun haben Christen aber, anstatt den Spiegelblick zu bedenken, lieber einen »shitstorm« entfacht. Der Ingolstädter evangelische Dekan Thomas Schwarz sah durch die Kampagne von Media Markt gar die Menschlichkeit verletzt. »Wenn Weihnachten nur durch Geschenke unterm Baum entschieden wird, dann wird das menschliche Miteinander auf einen bloßen Warenaustausch reduziert.« Mit dem Werbeslogan würden Menschen verletzt, die etwa aus finanziellen Gründen keine Geschenke machen könnten, befand der Theologe. Man darf hoffen, dass Schwarz die Fallhöhe gespürt hat, mit der er hantierte. Und nicht wirklich ernsthaft glaubte, was er da sagte. Jedenfalls hatte er von Armut nicht viel Ahnung, denn arme Menschen haben andere Sorgen, als sich durch eine witzige Kampagne verletzen zu lassen. Der württembergische Rundfunkpfarrer Andreas Koch jedenfalls freute sich damals über jeden, der bereits Konsequenzen gezogen hatte oder sie noch zu ziehen beabsichtigte: »Ich selber gehöre dazu«, sagte er. »Weil ich ebenfalls nicht blöd bin und mich deshalb auch nicht für blöd verkaufen lasse.« Und fügte hinzu: »Meine weihnachtlichen Euros wandern jedenfalls in andere Kassen.« Vermutlich hat er seinen Elektroquatsch dann bei Amazon bestellt. Und bei denen kam die Wahrheit ja dann ein Jahr später raus. Pech gehabt.

Auch an solchen Aussagen hätte Loriot wohl seinen Spaß, er hätte innerlich gegrinst. Lag die Aufgeregtheit mancher, die damals empörte Protestmails schrieben, nicht vielleicht daran, dass sie sich selbst ertappt fühlten? Man hatte doch damals Dicki und Opa Hoppenstedt auch ein bisschen beklommen zugeschaut und an das eigene Familienfest gedacht – und wie es wohl dieses Jahr werden würde? Musste man nicht insgeheim zugeben, dass dieser Firma eine unverschämt gute Kampagne gelungen war, weil sie wunderbar ironisch, sogar in hohem Maße selbstironisch war? Hatte der Media Markt im Grunde mit der Kampagne nichts anderes ausgedrückt als »Hey, wir müssen zugeben: Das, was wir verkaufen, ist eigentlich sinnloser Quatsch.« Und wir mussten uns beim Anschauen der Filme selber sagen: »Hey, was wir da Weihnachten veranstalten, ist eigentlich sinnloser Quatsch.« Auf einmal merkten wir: »Na klar, die Firma hat Recht! Weihnachten wird unterm Baum entschieden!« Ertappt!

Stattdessen flogen auch von Kirchenseite nur moralinsaure Antworten. Ach, wie sehr wünschte man sich, die

Kirche wäre auf Seiten von Loriot und Heinz Becker, von Bedächtigkeit und Selbstironie. Manchmal sind tatsächlich die weise, für die wir selbst nur Selbstgerechtigkeit übrig haben. Besäße man doch Leichtigkeit und Kreativität wie sie. Man könnte etwas lernen. Vom Media Markt.

Peter Otten

O BITT FÜR UNS IN DIESER ZEIT UND FÜHRE UNS ZUR SELIGKEIT!

Aus der letzten Strophe des Liedes »Sankt Martin«

Quelle: Twitter.com, 8.11.2013

Aus der Heiligen Schrift:
Du sollst keine Gerüchte aufbringen; verbünde dich nicht mit dem Bösen, indem du falsche Aussagen machst. Lass dich nicht von einer Mehrheit zum Bösen verleiten.

Aus dem Buch Exodus 23,1

REIBEKUCHENKIRMES

Eine Zeitungsente und die Aussage eines Politikers, von dem bis dahin noch nie jemand gehört hatte, reichten im letzten Jahr, um Stimmung gegen Muslime zu schüren. Für alle Zeiten heißt es nun: Sie sind es, die uns das Fest St. Martin wegnehmen wollen. Dabei ist das großer Unsinn. Alles begann mit einer Schlagzeile im Lokalteil der »Frankfurter Neuen Presse«. Dort stand Ende Oktober zu lesen: »Mond und Sterne statt St. Martin.«

Die Zeitung berichtete, eine Kindertagesstätte in Bad Homburg habe ihr Martinsfest umbenannt. Man wolle »nie-

manden – sprich Kinder und Eltern anderer Kulturkreise – diskriminieren«. Die einzige Quelle waren im Artikel nicht näher bezeichnete Eltern. Auch die Leitung der Einrichtung äußerte sich nicht. Zwar blieb nicht unerwähnt, dass der Pressesprecher der Stadt die Geschichte dementierte. Dieses Dementi des Trägers reichte aber nicht, der Bericht erschien trotzdem. Der katholische Pfarrer am Ort ließ sich ebenfalls zitieren: »Ich nehme das im Rahmen der allgemeinen säkularen Tendenzen in unserer Gesellschaft wahr«, sagte er, bot aber an, die Geschichte um den heiligen Martin »noch mal genau zu erklären«, sollte es Missverständnisse um das Fest geben. Missverständnisse hatte es in der Tat gegeben, allerdings keine um das wunderbare Fest. Auch die Verdienste und das großartige Vorbild des heiligen Martin standen nicht in Zweifel. Hätte man wissen können.
Hat aber nicht interessiert.
Auch auf der Internetseite der Stadt wurde klar gestellt, wie viel tatsächlich dran war an der vermeintlichen Umbenennung: nichts. Der Kindergarten habe den Namen des Festes niemals geändert. Es gebe weiterhin einen »Martinsumzug« und ein »Sankt-Martins-Feuer«. Zwar werde in der Tagesstätte häufig der Name »Sonne-Mond-und-Sterne-Fest« verwendet. 1998 sei zum Fest mal eine Suppe gereicht worden, die Nudeln in Form von Sonne, Mond und Sternen enthalten habe. In Erinnerung an diese Geschichte schien man informell hin und wieder vom »Sonne-, Mond- und Sternefest« zu sprechen. Und im vergangenen Jahr sei dieser Begriff dann auf ein offizielles Schreiben gerutscht. Statt bei der Leitung nachzufragen, sprachen ein paar Eltern direkt mit der Presse. Die Stadt versicherte, es seien, anders als von den Eltern behauptet, »von Seiten der Kita-Leitung keine Aussagen über eine ›politisch korrekte‹ Namenswahl gemacht worden«. Die Kindertagesstätte Lei-

menkaut werde auch weiter St. Martin feiern – »und wenn jemand das als ›Sonne-Mond-und-Sterne-Fest‹ bezeichnen möchte, darf er das auch weiterhin tun.«
Eigentlich eine lustige Geschichte. Wie man sie auch im Rheinland kennt. Da heißt das Kirchweihfest von St. Antonius Abbas in Bergisch Gladbach-Herkenrath seit Jahrzehnten umgangssprachlich »Decke-Bunne-Kirmes«, also Dicke-Bohnen-Kirmes. Was meines Wissens niemanden aufregt. Außer vielleicht andere Gemüsebauern, die eine »Spargelkirmes« oder vielleicht eine »Rote-Beete-Kirmes« besser fänden, weil sie eben auf andere Gemüsesorten gesetzt haben, das kann schon sein. In Aegidienberg bei Bonn heißt das Kirchweihfest schon seit Ewigkeiten »Rievkooche-Kirmes« – also Reibekuchen-Kirmes. Im letzten Jahr, so war in der Zeitung zu lesen, kamen die Menschen sogar, obwohl es viel regnete. Muss also insgesamt ein schönes Fest sein, das viele Menschen hinter dem Ofen hervorlockt. Das Unheil wäre also schon dadurch verhindert worden, hätten die Redakteure der »Frankfurter Neuen Presse« sich im Rheinland besser ausgekannt. Taten sie aber nicht.
Und deshalb war der Sturm aufgezogen.
Online-Medien übernahmen die Falschmeldung, ohne sie nachzurecherchieren. Im Gegenteil: Sie bliesen sie noch weiter auf. Bei Bild-online war nicht mehr von einer Umbenennung des Festes die Rede, hier wurde gleich getitelt: »Kita will St. Martin abschaffen«. Die Junge Freiheit, Zeitung der neuen Rechten in Deutschland, zog nach. Hieß es in dem falschen Ursprungsbericht noch, das Fest werde aus Rücksicht auf andere Kulturkreise umbenannt, so mutmaßten Menschen im Internet, Muslime steckten dahinter. Ungehindert durften sich Leser im Kommentarbereich der Jungen Freiheit auskübeln. Wenn jemand seinen Satz mit »Ich bin ja kein Rassist, aber...«, »Ich habe nichts gegen

Ausländer, aber...« oder auch »Ich bin selber mit Muslimen befreundet, aber...« beginnt, konnte man auch hier sicher sein: Jetzt folgt unmittelbar ein garantiert rassistisches Bekenntnis, die Aussage eines Ausländerfeindes oder ein Satz von jemandem, der möglicherweise sogar Freunde hat – bestimmt aber keine muslimischen. Aber das waren noch die eher harmlosen Kommentare. Auf der Nachrichtenseite von t-online wurde der Kommentarbereich bald geschlossen, so unerträglich, begründete man das dort, war das, was Leute mitteilten.

Dass Muslime in Deutschland einfach nur St. Martin feiern wollen – das wurde wenige Tage später noch aussichtsloser. Grund: Rüdiger Sagel, der NRW-Landesvorsitzende der Linken. Der fühlte sich nach den Berichten aus Bad Homburg und dem heraufziehenden Shitstorm gegenüber Muslimen dazu berufen, deren Rechte zu verteidigen – was die aber gar nicht wollten, weil es schlicht nichts zu verteidigen gab. Sagel forderte nun eine landesweite Umbenennung des St.-Martin-Festes in ein Sonne-, Mond- und Sternefest: »In vielen NRW-Kitas gibt es muslimische Kinder. Ihnen sollte man die christliche Tradition nicht aufdrängen.« Aber niemand hatte das problematisiert. Lediglich den Köpfen einiger nichtmuslimischer Fanatiker war dies als angebliche Forderung von Muslimen entsprungen. Da war es für Besonnenheit schon zu spät. Linken-Politiker bezeichneten Sagels Äußerung als »persönliche Einzelmeinung«. Der ruderte am nächsten Tag zurück. Kinder sollten mit ihren Laternen weiterhin Freude haben. An ein Verbot des Heiligen sei nicht zu denken. Im Übrigen sei der heilige Martin, würde er heute leben, ein Linker.

Aber da wurden schon weitere Scheite ins Feuer geworfen. Die Junge Union hatte schon zu einem Martinszug zur Parteizentrale der Linken eingeladen. Den Sozialisten gehe es mit dem Verbot St. Martins um die Beseitigung der Religion, sagte ihr Vorsitzender Christoph Klausing. Die Nachfrage, ob die Junge Union denn im nächsten Jahr in einem Martinszug zum CDU-Ortsverein Hamburg-Rothenbaum ziehen werde, da dieser doch tatsächlich in diesem Jahr zu einem so genannten »Laternenumzug« bereits am 17. Oktober eingeladen hatte, bei dem vom heiligen Martin nichts zu sehen war, blieb leider unbeantwortet.

Margot Käßmann erinnerte der Vorgang »an die DDR, wo Engel zu Jahresendzeitfiguren erklärt wurden«. Sie sprach von »falscher Rücksichtnahme«, wenn Sankt Martin zum »Sonne-Mond-und-Sterne-Fest« werde (dabei gab es weit und breit niemanden, der wollte, dass auf ihn Rücksicht genommen werde). Muslime oder Nicht-Gläubige könnten das Fest ohne weiteres mitfeiern, der heilige Martin stehe nicht nur für das Christliche, sondern auch für Barmherzigkeit und Zuwendung zu Kindern, sagte sie.

Hatte das irgendjemand bezweifelt? Nein. Aber leider hörte zu diesem Zeitpunkt niemand mehr zu, schon gar nicht dem, der es nun wirklich wissen musste: dem Vorsitzenden des Zentralrats der Muslime, Aiman A. Mazyek, als der sich an seine Kindheit erinnerte: »Ich habe gerne mit meiner Mutter in der Grundschulzeit mitgemacht. Viele muslimische Familien nehmen das gerne auf, und dieser Laternen- und Fackelzug ist für Kinder und Erwachsene natürlich auch ein Spektakel. Der Gedanke des Teilens spielt auch im Islam eine große Rolle.« In der Tat: Die Zuwendung zu den Armen ist eine der fünf Säulen des Islam. Könnte man wissen …

Weder die »Frankfurter Neue Presse«, mit deren Berichterstattung das Unheil seinen Lauf nahm, noch irgendeine andere der Zeitungen, die die Falschmeldung ungeprüft nachdruckten und sogar noch weitere Dinge hinzudichteten, weder Focus-online, noch Bild-online – erst Recht nicht die Junge Freiheit: Niemand stellte anschließend den Sachverhalt richtig. Im Internet ist immer noch ein Text von Dieter Sattler zu finden, der für die Frankfurter Neue Presse kommentiert hatte. Er hat das ganz große Rad gedreht: »Es ist gut, politisch korrekt zu sein. Es ist schlecht, politisch überkorrekt zu sein – so wie es oft die Deutschen sind.« Die Logik der »pseudoaufklärerischen Kleingeister« sei selbst dann »noch längst nicht zufrieden, wenn sämtliche Kruzifixe aus Klassenzimmern verschwunden sind oder Kitas sich, wie schon geschehen, nicht mehr trauen, Weihnachten zu feiern, um die Gefühle von Anders- oder Nichtgläubigen nicht zu verletzen.«

Nun hatten offensichtlich wenigstens ein paar Leser den Eindruck, mit der Wahrheit in der Berichterstattung jedenfalls könne man gar nicht überkorrekt genug sein, und erinnerten den Redakteur an ein paar journalistische Grundsätze. So schrieb ein Leser mit Namen Hans-Peter: »Wenn Journalismus die Aufgabe ist, den Leser dümmer zu machen, als er eh schon ist, dann erfüllt (Ihre Zeitung) diesen Auftrag mit Bravour. Ich hoffe, Sie sind stolz darauf, mit falschen Behauptungen die Ausländerfeindlichkeit hierzulande geschürt zu haben. Die Kinder konnten ihren niemals umbenannten Festumzug nur unter Polizeischutz durchführen.«

Die Frankfurter Rundschau schrieb anschließend: »Die Stimmung blieb friedlich. So wie immer.«

Die »Rievkooche-Kirmes« in Aegidienberg beginnt in diesem Jahr übrigens am 6. Dezember. Es heißt, die Besucher erwarte »ein abwechslungsreiches Unterhaltungsprogramm.«

Peter Otten

VOM HIMMEL HOCH
Weihnachtslied von Martin Luther

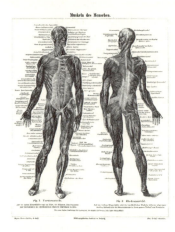

Quelle: Meyers Konversationslexikon 1885

Aus der Heiligen Schrift

Denn wie der Körper eine Einheit ist und doch viele Teile hat, alle Teile des Körpers also die Einheit des Körpers ausmachen, so verhält es sich auch mit Christus. Wir alle sind durch den einen Geist zu einer leiblichen Einheit getauft worden, ob wir jüdische oder griechische Menschen sind, oder ob wir Unfreie oder Freie sind – uns alle hat Gott eine Geistkraft trinken lassen. Denn auch der menschliche Körper besteht nicht nur aus einem Körperteil, sondern aus vielen. Wenn der Fuß sagen würde: »Weil ich keine Hand bin, gehöre ich nicht zum Körper«, gehört er nicht trotzdem dazu? Und wenn das Ohr sagen würde: »Weil ich kein Auge bin, gehöre ich nicht zum Körper«, gehört es nicht trotzdem dazu? Wenn der ganze Körper Auge wäre, wo bliebe dann das Hören? Wenn der ganze Körper Hören wäre, wo bliebe dann das Riechen?

Nun hat Gott den Körper aus vielen Teilen zusammengefügt. Jedes einzelne Körperteil gehört nach Gottes Willen dazu. Wenn aber alle Teile identisch wären, wo bliebe der Körper? Nun gibt es zwar viele Körperteile, aber nur einen Körper. Das Auge kann der Hand nicht sagen: »Ich brauche dich nicht«. Auch der Kopf kann zu den Füßen nicht sagen: »Ich brauche euch nicht«. Nein! Gerade auf die Körperteile, die unbedeutender zu sein scheinen, kommt es an. Den Körperteilen, die wir für weniger beachtenswert halten, lassen wir besondere Achtung zukommen, und bei den Körperteilen, die wir an uns für unanständig halten, achten wir besonders auf Würde. Was wir an uns für anständig halten, muss nicht besonders geehrt werden. Gott hat den Körper zusammengefügt und gab dem niedrig gehaltenen Teil umso größere Ehre, damit der Körper nicht von einer Grenze durchzogen wird, sondern die Glieder sich gemeinsam umeinander sorgen. Und wenn ein Körperteil leidet, leiden alle anderen mit; wenn ein Körperteil geehrt wird, freuen sich die anderen alle mit. Ihr seid der Leib Christi und – einzeln genommen – Angehörige Christi.

Aus dem ersten Brief des Apostels Paulus an die Gemeinde in Korinth 12,7-11

DEMOKRATISCHE, HIERARCHISCHE, CHARISMATISCHE KIRCHE

Der Papst wird gewählt. Theoretisch kann es jeder katholische Mann werden; günstig ist aber schon, wenn man Kardinal oder Bischof ist. Äbte und Äbtissinnen von Klöstern und Ordensobere werden gewählt, ebenso der Vorsitzende der Bischofskonferenz eines Landes. Natürlich auch der Pfarrgemeinderat oder der Kirchenvorstand / Verwaltungsausschuss. Doch demokratische Wahlen und Abstimmungen sind in der Kirche nicht alles. Die Teilnahme aller Getauften am allgemeinen Priestertum zeigt sich darin, dass jede und jeder seine besonderen Gaben einbringen soll, biblisch Charismen genannt. Alle Christinnen und Christen sind also Apostel, sie sind von Gott gesandt, das Evangelium zu bezeugen und zu verkünden. Jeder mit seinen Charismen. In Köln sagt der Volksmund: »Nix is esu schläch, datt et nit für jett joot es«, also: Nichts ist so schlecht, dass es nicht für etwas nützlich ist. Jeder Beitrag ist wichtig. Paulus geht noch weiter: Wir sind Glieder am Leib Christi, Christus ist das Haupt. Doch am wichtigsten ist das kleinste, geringste Körperteil, weil es die andern vor Überheblichkeit bewahrt! Die Beachtung aller Charismen fördert also Zusammenhalt und Frieden.

Warum gibt es nun auch noch die Hierarchie in der Kirche, also Diakone, Priester und Bischöfe? Damit sich nicht jeder selbst Papst und Kirche ist! Die Aufgabe des besonderen Priestertums neben dem Priestertum aller Gläubigen ist es, die Einheit in der Vielfalt zu bewahren. Die Kirche ist Leib Christi, ebenso Tempel des Heiligen Geistes. Keiner kann sagen, er sei allein im Besitz der Wahrheit oder des Geistes. Der Souverän eines demokratischen Staates ist das Volk, der Souverän der Kirche ist Christus; er ist Weg, Wahrheit und Leben. Die Kirche entsteht nicht aus einer Wahl, sondern aus der Offenbarung Gottes. Aufgabe der Priester und der Bischöfe ist es, diesem Voraus Christi zu dienen, an Christus selbst Maß zu nehmen und dies zu bezeugen, natürlich vor allem mit Demut und in aller menschlichen Schwachheit.

Papst Franziskus hat im Flugzeug vom Weltjugendtag in Rio nach Rom gesagt: »Die Frauen sind in der Kirche wichtiger als Papst, Bischöfe und Priester!« So etwas sagt am besten der Papst.

Franz Meurer

BROT VOM HIMMEL

»Dann kam der Tag der Tage, und mein Vater trug jenes Filet Wellington wie eine Trophäe von der Küche ins Wohnzimmer, eingehüllt in einer Champignon-Farce und in Blätterteig. Dazu gab es von Hand geschabte Spätzle mit einer Madeirasauce. Es war eine Mischung aus Rührung und Bewunderung, die ihm von seiner Frau, von mir, von meinen Freunden entgegenschlug, auch wenn der eine oder andere vielleicht schon ahnte, dass sich hier gerade ein Mensch an den Rand der totalen Erschöpfung gekocht hatte. Er hatte eine persönliche Niederlage in einen grandiosen Sieg verwandelt.«

Quelle: Philipp Maußhardt, taz vom 10.11.2013

> Aus der Heiligen Schrift:
> Während des Mahls nahm Jesus das Brot und sprach den Lobpreis; dann brach er das Brot, reichte es ihnen und sagte: Nehmt, das ist mein Leib. Dann nahm er den Kelch, sprach das Dankgebet, reichte ihn den Jüngern und sie tranken alle daraus. Und er sagte zu ihnen: Das ist mein Blut, das Blut des Bundes, das für viele vergossen wird.
>
> Lukasevangelium 14,22-24

FRONLEICHNAM IN DER KÜCHE

Philipp Maußhardts Geschichte klingt wie die kurze Reportage einer Fronleichnamsprozession. Sie führt zwar nicht durch die Straßen einer Stadt, sondern lediglich die paar Schritte vom Küchenherd an den Essplatz. Aber auch ihr Weg kann für den, der ihn zurücklegen muss, ähnlich weit sein wie das fromme alljährliche Schreiten – sagen wir: durch die Kölner Innenstadt. Denn der Vater von Philipp Maußhardt tat diesen Gang nicht freiwillig. Überhaupt nicht freiwillig.

Alles begann mit einer schweren Niederlage im Jahr 1983. So erzählt es sein Sohn in der taz. Sein Vater hatte sich weit aus dem Fenster gelehnt. Er hatte schlicht nie damit gerechnet, dass die Grünen ins Parlament würden einziehen können. Darüber hatte er nicht nur mit dem Sohn, sondern auch mit dessen Freunden einen schweren Krach angefangen, an dessen Ende immerhin eine Wette stand. Und derjenige, der sie verlieren würde, verpflichtete sich nicht nur, einen Kochkurs in der Volkshochschule zu belegen, sondern auch dazu, anschließend ein Gericht zuzubereiten und den Sieger zu bewirten. Für den offensichtlich in den festen Rollenmustern der Nachkriegszeit aufgewachsenen Vater eine schlimme, würdelose Schreckensvorstellung. Wir wissen, wie es kam. Die Grünen übersprangen 1983 die Fünf-Prozent-Hürde. Und Philipp Maußhardts Vater stellte sich seiner Niederlage. Nicht nur das: Er bekochte außer seinem Sohn noch dessen Freunde dazu.

Vermutlich hat Philipp Maußhardts Vater in seinem Leben auch den einen oder anderen Frühstückskorb geschenkt bekommen. Denn die Sechziger- und Siebzigerjahre waren seine große Zeit, nicht nur bei uns daheim. Aus grünlichem Flechtwerk waren sie, auf dem ein leichter goldener Schleier schimmerte. Sie waren daheim ein beliebtes Geschenk zu runden Geburtstagen und Jubelfeiern aller Art. Es gab sie »Beim Irlenbusch« – dem einzigen Supermarkt in der Nähe. Dort ging man hin, nannte die Höhe des Geldbetrages, für den eingekauft werden sollte, und stimmte kurz ab, was in jedem Fall in den Korb gepackt werden musste (»eine gute Flasche Wein, eine Salami am Stück und Mon-Cheri!«) und was nicht (»besser keinen Schnaps!«). Die Gaben wurden drapiert, und zwar so geschickt, dass sie fast nie herausfielen; die Geburtstagszahl aus goldener Pappe wurde hinein gesteckt, und an den Griff des Korbes kam eine große goldfarbene oder rote Schleife. Eine Karte dazu mit allen Unterschriften der Schenkenden, fertig.

Was war sonst so drin? Auch wenn man das heute für fast nicht möglich hält: Es waren – in meiner Erinnerung – Sachen, die ein kleiner Junge, dessen Essensplan sich an der Erntefolge des heimischen Gartens orientierte, als seltenen Luxus erachtete: Dosenananas waren schon was Außergewöhnliches, aber eine echte Ananas war eine Sensation (aber nicht immer beliebt, weil man die schälen musste, und die Mutter zwar im Schälen heimischer Äpfel äußerst geschickt war, beim Anblick einer holzigen und widerspenstigen Ananasschale mitunter jedoch ratlos wirkte). Ein Pfund Bohnenkaffee – wirklich! Ich erinnere mich noch daran, wie die Verwandtschaft einander bei Einladungen zum Sonntagskaffee als Gastgeschenk gerne ein Päckchen Kaffee mitbrachte – nicht selten auch noch in einen Bogen Geschenkpapier eingeschlagen. Weintrauben. Ein ganzes Stück Käse – zum Beispiel einen kleinen roten Edamer-Laib, das war »mal was anderes« als der gewöhnliche Gouda. Eierlikör. Eine Dose Corned Beef – das klang für mich und die Brüder schon nach Exotik vom Ende der Welt. Obwohl es bloß England war.

Als Kind habe ich mich oft gefragt, warum diese Präsentkörbe eigentlich »Frühstückskörbe« genannt wurden. Denn Brot, Marmelade und »gute Butter« fand der neugierige Kinderblick merkwürdigerweise nie. Doch auch das Kind spürte schon, was sich der Jugendliche später erschloss: dass diese Frühstückskörbe die Folge einer entbehrungsreichen Zeit sein mussten, die sich tief in die Köpfe der Elterngeneration eingeprägt hatte, über die niemand gerne sprach, bei der Erinnerung daran sich die Blicke jedoch senkten, sich still nach innen wandten. Diese Körbe waren zumindest in unserer Familie kein Ausdruck von Protzerei oder Verschwendung. Sie wurden überreicht und enthielten in allen einzelnen Teilen Großzügigkeit und »Wir wollen dir nur Gutes«, dabei wurden kurze Reden gehalten. Der Schenkende wie auch der Beschenkte hoben den Korb für einen kurzen Moment in die Höhe – für einen winzigen Augenblick tatsächlich wie eine Monstranz. Die Geste sagte: Danke, aber hey: Gewöhnt euch nicht allzu sehr dran.

Ein Frühstückskorb war natürlich mehr als eine rückblickende Mahnung. Er ermöglichte kurze Augenblicke stillen Genusses. Ein Frühstückskorb veredelte Alltägliches, aber er beseitigte den Alltag nicht: Für wenige Tage gab es Salzbutter statt Margarine zum Abendbrot. Die sprichwörtliche gute Flasche Wein begleitete den sonntäglichen Nudelsalat und verdrängte einmalig den Tee oder die Flasche Kölsch. Die Pralinen wurden beim nächsten oder übernächsten Sonntagskaffee auf eine Kristallschale gelegt. Und manchmal kamen dabei die Schenkenden, wenn sie wieder mal zu Besuch waren, selbst in den Genuss dessen, was sie geschenkt hatten. Dann stiftete der Frühstückskorb wieder Gemeinschaft. Genau das war ja auch sein Sinn. Wir nahmen, aßen und tranken alle daraus, Jahr für Jahr, von Geburtstag zu Geburtstag, wieder und wieder.

Derjenige kann alles herschenken und hergeben, der weiß, dass er – sehr oberflächlich betrachtet – vielleicht in fast allem gescheitert ist. Der sich in seinem Gang bis an die Grenze aber in einer Beziehung getragen weiß, die letztlich kein Scheitern zulässt.

»Meinem Vater geht es in diesen Tagen nicht gut. Er wird nicht mehr lange leben. An diesem Wochenende werde ich ihm wahrscheinlich ein Filet Wellington servieren.«

(Philipp Maußhardt, taz vom 10.11.2013)

Peter Otten

IMAGINE THERE IS NO HEAVEN
John Lennon

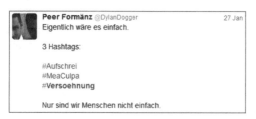

Quelle: Twitter.com, 27.1.2013

Aus der Heiligen Schrift:

So sollt ihr beten: Unser Vater im Himmel, dein Name werde geheiligt, dein Reich komme, dein Wille geschehe wie im Himmel, so auf der Erde. Gib uns heute das Brot, das wir brauchen. Und erlass uns unsere Schulden, wie auch wir sie unseren Schuldnern erlassen haben. Und führe uns nicht in Versuchung, sondern rette uns vor dem Bösen. Denn wenn ihr den Menschen ihre Verfehlungen vergebt, dann wird euer himmlischer Vater auch euch vergeben. Wenn ihr aber den Menschen nicht vergebt, dann wird euch euer Vater eure Verfehlungen auch nicht vergeben.

Matthäusevangelium 6,9-15

WIE SIMON DIE MÖRDER ENTWAFFNETE

Dies ist eine Geschichte, die überfordert. Sie ist weder schnell geschrieben noch ist sie schnell heruntergelesen. Sie handelt von etwas Übermenschlichem. Von etwas, von dem Menschen wünschen, dass sie selbst es hoffentlich nie erleben mögen. Sie handelt wiederum von Menschen, die in ihrem Tun jedes menschliche Maß überschreiten. Das, was gemeint ist, wenn in der Zeitung steht: Was passiert ist, übertrifft jedes Vorstellungsvermögen. Andererseits

macht die Geschichte auch deutlich, wozu Glaube und Vertrauen befähigen können. Auch das ist übermenschlich. Und überschreitet ebenfalls jedes Maß. Man kann sagen: Es kommt von Gott.
Nicht mit Vorwürfen ist er zu den Mördern gekommen. Und auch nicht mit Fragen, »weil die Menschen doch um diese Missetat wussten, die sie getan hatten«. Nicht um große Reden sei es gegangen, er habe nur einen Vorschlag gemacht: »Wir müssen weiterleben. Wir müssen weiter einander helfen. Wir müssen uns versöhnen. Statt Wut Sanftheit, statt Hass Liebe.« Nicht Verurteilung. Sondern Verständnis. Anstatt die Menschen mit ihrer unfassbaren Tat allein zu lassen. Die ihre Nachbarn umbrachten. Als Studenten. Die vorgestern noch im Studentenwohnheim miteinander scherzten, einen Tag später einander niedermetzelten. Simon Ntamwana wählt seine Worte bedächtig. Seine Stimme klingt warm, mit einem weichen, sympathischen, französischen Akzent. Allein aus seiner Familie wurden seit 1972 mehr als 50 Menschen ermordet. Zuletzt, 1995, sein Bruder Laurent mit fast seiner gesamten Familie. »Es war sehr schlimm.«
Seit 1997 ist der 65jährige Erzbischof im burundischen Gitega, einem Bistum mit etwa 1,1 Millionen Einwohnern, davon mehr als zwei Drittel Katholiken. In Burundi leben vor allem zwei Bevölkerungsschichten: Die Hutus und die Tutsis. In der Folge der Kolonialzeit begann in Burundi einer der blutigsten Bürgerkriege, den der afrikanische Kontinent je gesehen hat. Die deutschen und die belgischen Besatzer unterstützten die herrschenden Adelsfamilien der Tutsi. Damit förderten sie die Benachteiligung der bäuerlichen Hutu-Bevölkerung. Seit der Unabhängigkeit Burundis vor fünfzig Jahren wollen die Hutus an der Regierung beteiligt werden. Sie bilden mit über 80 Prozent die Bevölke-

rungsmehrheit. Aber ihre Aufstände wurden von der durch Tutsi dominierten Armee niedergeschlagen. Man schätzt, dass in Burundi 800.000 Menschen im Bürgerkrieg starben. Die ethnischen Unterschiede sind jedoch eher nicht die Ursache für das grausame Morden. Eher ist es ein sozialer Konflikt: Es geht allein darum, welche Bevölkerungsgruppe die politische Macht stellt. Es geht allein darum, wo jemand herkommt.

Simon wird 1946 in eine ungewöhnlich gebildete Familie hinein geboren. Vor allem sein Vater legt sehr viel Wert auf eine fundierte Bildung seiner Kinder, ungewöhnlich, damals auf dem Land. Als kleiner Junge trifft er mit seiner Mutter einen Priester, der ihm ein Bonbon schenkt. Diese Begegnung wird für Simon zu einem Schlüsselerlebnis. Das kennt er nicht, bisher dachte er immer, man müsse für diese Dinge bezahlen. »Der Priester schenkte mir das Bonbon, ohne zum Beispiel die Mutter zu fragen, ob das Kind denn auch gehorsam ist.« Einfach so tat er das. Da sagte seine Mutter einen Satz, der für ihn zum Lebensmotto wurde, wie es in seiner Biographie heißt: »Dieser Mann ist ein Priester, er liebt die ganze Welt.« Seine Mutter habe damit wohl sagen wollen, für den Priester seien natürlich auch unbekannte Menschen eine Schöpfung Gottes. Das wurde für ihn wichtig, ein entscheidender Gedanke auch für seine eigene Priesterberufung: »Wahrscheinlich, weil ich selber in einer gespaltenen Welt lebte, wo Menschen sich auseinandersetzen und bekämpfen.«

1967 wird er von seinem damaligen Bischof nach Rom geschickt, um sein Theologiestudium dort weiterzuführen. 1972 beginnt das Morden. »Von einem auf den anderen Tag konnten die Menschen nicht mehr das Haus verlassen. Das war ein Schock. Und zu wissen, dass viele aus der Familie darunter waren – das war der zweite Schock.

Und der dritte war, dass die Menschen weiter umgebracht wurden, sogar durch die staatlichen Stellen, die Militärs.«
1976 kehrt Ntamwana als Priester nach Burundi zurück, macht Karriere, wird Bischof. Wie aber geht das, wie können Menschen, auch Christen, auch Kirchenleute, die einander zum Mörder wurden, weiter Tür an Tür miteinander leben? Gänzlich unvorstellbar eigentlich. Oder? In einem langen Radiointerview im Jahr 2013 erinnert sich Ntamwana an ein Wort des südafrikanischen anglikanischen Bischofs und Friedensnobelpreisträgers Desmond Tutu: »Es gibt überhaupt keine Zukunft, wenn man sich nicht vergibt«, habe der gesagt. Das mag für einen Außenstehenden wie ein Spruch aus einem Glückskeks klingen, ein wenig zu leicht daher gesagt. Für Ntamwana steckt darin aber ein tiefes spirituelles Prinzip, ein Sprung: »Heute verstehe ich ein bisschen besser, was wir im Vaterunser beten: Vater, vergib uns, wie wir schon vergeben haben, so lautet die Formulierung beim Evangelisten Matthäus.« Vergebung nicht als Absichtserklärung, sondern als Tat, als Aktion. Einer muss wohl damit anfangen. »Also kann man nicht in einem Dorf leben, wo die Menschen einander hassen. Das haben die Menschen gespürt, sie haben schon daran gedacht zu vergeben. Sonst ist ein Weiterleben nicht möglich. Sonst gehen Feindschaft, Gewalt und Hass immer weiter – und das ist am Schlimmsten. Das Herz des Menschen ist nicht für den Hass gemacht, sondern für die Liebe.«
So hat der Bischof begriffen, dass er den Versöhnungsgedanken stärken, moderieren muss. Dazu hat er nach südafrikanischem Vorbild Versöhnungskommissionen ins Leben gerufen, sein Werk »Neues Leben für die Versöhnung«. Nach dem Kriegsende im Jahr 2000 gründete er es zunächst in seiner eigenen Diözese. Inzwischen gibt es in allen Bistümern des Landes eine Niederlassung mit insgesamt 120

Mitarbeitern: »Wir organisieren Tagungen und Begegnungen, auch mit Jugendlichen in den Schulen. Ein Psychologe und ein Geistlicher sind vor Ort. Die Leute kommen und erzählen ihre Geschichte. Dadurch fühlen sich Opfer und Täter erleichtert. Außerdem ist in Burundi das kirchliche Projekt ›Ecoute et Guérison des Mémoires‹ etabliert, das auf denselben Ansatz setzt.« Über 20.000 Menschen haben sich inzwischen an eines der beiden Projekte gewandt. »Es ist oft sehr dramatisch. Der Betroffene taucht tief ein in Dinge, die ihm widerfahren sind. Wir hören zu, teilen sein Leid. Das kann mehrere Stunden dauern. Oft laden wir die Menschen im Anschluss dazu ein, ein Treffen mit dem Täter zu wagen. In vielen Fällen waren es ja Nachbarn, Menschen, die man gut kennt. Solche Treffen begleiten wir immer. Anfangs fallen scharfe Worte, Vorwürfe. Aber es ist der Auftakt zu einem Dialog.« Nicht immer nimmt es sogleich ein gutes Ende. »Aber es ist ein Anfang zu einem Dialog«, weiß der Bischof. Nicht immer könne man den Weg zu Ende gehen. Mitunter werde er lange dauern, vielleicht sogar länger als eine Generation. »Aber wir müssen es versuchen. Sonst nimmt der Kreislauf nie ein Ende.«

Der Bischof hat den Versöhnungsweg auch persönlich eingeschlagen. Wie gesagt: Nicht um große Reden geht es ihm, als er den Mördern seines Bruders zum ersten Mal gegenüber steht. Sondern um eine Tat, die in seinen Augen einfach getan werden muss. All diese Ereignisse haben bei ihm ein Geschenk hinterlassen. Er sagt tatsächlich: Geschenk. »Weil ich diesen Gedanken des Evangeliums immer vor Augen geführt bekommen habe: Wenn meine Landsleute den Tod verbreiten, möchte ich ein Diener des Lebens sein. Das Ziel eines Lebens ist doch, dem Leben zu dienen.« Und so ging er los. »Dann habe ich gehandelt. Dann habe ich, ja, etwas getan. Eine Liebesgebärde. Eine Liebestat.

Und dann hat der andere etwas verstanden: Dass ich ihn nicht verfolgen wollte. Keine Rache suchte. Manche Leute verstehen, wenn man zu ihnen geht und etwas Konkretes tut. Dann bekehren sie sich. Ich habe das besonders gemerkt, als Menschen zu mir kamen und sagten: *Ich habe an diesem Tag dich gesucht, ich wollte dich umbringen. Ich war bewaffnet, ich wartete auf dich an dieser Ecke der Straße.* Sie kamen zu mir und sagten: *Wir wurden durch dich entwaffnet, weil wir ein anderes Herz in dir gesehen hatten. Du wolltest keine böse Tat gegen uns tun.*« Es gehe um ein *anderes* Leben, dem Feind gegenüber. »Und dann versteht er, dass er geliebt ist. In diesem Moment kann er auch wieder lieben. In diesem Moment kann er sich auch wieder als befreit erfahren. Und wenn er merkt, dass er frei ist, dann kommt er auf mich zu und fragt mich: Kannst du mit mir ein Stück mitgehen?«

Peter Otten

OH HEILAND, REISS DIE HIMMEL AUF! HERAB, HERAB, VOM HIMMEL LAUF!

Friedrich Spee

Ein »unsterbliches« Liebespaar in Marc Chagalls Bild »Les Amoureux et la Tour Eiffel« von 1959.

Aus der Heiligen Schrift:
Euer Verhältnis zueinander soll der Gemeinschaft mit
Jesus Christus entsprechen.
Über göttliche Gestalt verfügend,
hielt Christus die Gottgleichheit doch nicht wie ein
glückliches Los fest,
sondern entäußerte sich selbst aller Vorrechte
und nahm die Gestalt eines versklavten Menschen an,
wurde den Menschen gleich
und seine ganze Erscheinung zeigte:
Er war ein Mensch wie du und ich.
Er erniedrigte sich selbst

und war dem Auftrag Gottes gehorsam bis zum Tode,
dem Sklaventod am Kreuz.
Darum hat Gott den Erniedrigten erhöht
und ihm den Namen verliehen,
der über jeden Namen erhaben ist,
damit im Namen Jesu
sich alle Knie beugen sollen im Himmel und auf Erden
und unter der Erde,
und jede Zunge bekennen soll,
dass Jesus Christus der Herr ist
zur Ehre Gottes, unserer Mutter und unseres Vaters.

Hymnus aus dem Brief des Apostels Paulus an die Gemeinde in Philippi 2,5-11

ILLUSION DER UNSTERBLICHKEIT

Wenn ich jemanden leiden kann, wenn mich einer schwach macht, wenn mir eine sehr sympathisch ist, kurz: Wenn ich einen andern liebe, so möchte ich, dass dies für immer ist, ohne Grenze, dauernd. Ich wünsche ihr und mir, dass es wie Gott ist: ewig, immer, endlos.

Irdisch geht das leider nicht. Eine Beziehung, in der ich vom andern erwarte, dass er mir meine Wünsche erfüllt, muss sterben. Sie lebt, wenn ich meine überzogenen Erwartungen sterben lasse. Also der Geliebten verzeihe, dass sie mir nicht wie Gott sein kann. Im Kern muss ich von der Illusion der Unsterblichkeit Abstand nehmen.

Dies macht mich fähig zum Mitleid. »Mitleid« ist die Übersetzung des griechischen Wortes Sympathie. Wer einen andern liebt, leidet auch mit ihm, manchmal auch unter ihm. Wenn mich die Geliebte schwach macht, so kann ich zum einen meine Schwächen zeigen; zum andern ihre Schwächen annehmen. Liebe lebt von dem, was man nicht macht: die dunklen Seiten des andern ans Licht zerren, die Fehler herausstellen, die Schatten betonen.

Zu Beginn der Karwoche leben die Jünger in der Illusion der Unsterblichkeit, Judas vielleicht ausgenommen. Die Hosianna-Rufe der Menschen, die gar ihre Kleider auf der Straße ausbreiten, damit Jesus darüber reitet: Der König Israels kommt! Müssen die Jünger nicht glauben, dass sie endlich am Ziel sind: »Hosanna dem Sohne Davids!« Die ewige Königsherschaft scheint greifbar nahe.

Die dem folgende Leidensgeschichte zeigt, wie schnell sich das Blatt wendet. Petrus, der erste Papst, wird seinen besten Freund dreimal verraten. Bis auf Johannes sind die Jünger auf und davon. Nach der Auferstehung bei der Erscheinung am See wird Jesus Petrus dreimal fragen, ob er ihn liebt. Erst die Liebe, die um Scheitern, Leiden und Tod weiß, ist stark genug für das Papstamt.

Die Liebe Gottes besingt der wunderbare Hymnus aus dem Philipperbrief: »Jesus Christus war wie Gott, hielt aber nicht daran fest, Gott gleich zu sein.« Gottes Liebe entäußert sich.

Dieser Hymnus, ein knappes Lied, ist wohl einer der ältesten Texte im Neuen Testament. Er macht in aller Kürze klar, warum wir Gott trauen können.

Gott schickt seinen Sohn nicht zur Inspektion auf die Welt, um mal nach dem Rechten zu sehen. Der Gottessohn ist auch kein Briefträger, der eine Botschaft des Vaters überbringt und dann davon radelt.

Er »entäußert sich«, ein altes Wort. Dieses Wort kann man zum Beispiel verwenden, wenn man seinen Besitz aufgibt und verschenkt. Jesus gibt auf, nur wie Gott zu sein. Er wird ganz Mensch, mit Haut und Haaren. Er kommt zur Welt wie jedes Kind, aus dem Schoß seiner Mutter Maria.

Eine deutlichere und dichtere Form der Teilnahme Gottes am Geschick der Menschen lässt sich nicht vorstellen. Der Abstand zwischen Gott und Mensch geht auf Null.

Die Kinder in unserem Viertel fragen oft: »Ist das in echt?« Ich kenne einen Mann, der fest behauptet, nie sei ein Mensch auf dem Mond gelandet; das sei eben ein guter Film gewesen. In einer virtuellen Welt ist es nicht einfach, zwischen »fake« und real zu unterscheiden.
Dass Jesus am Kreuz stirbt, macht endgültig klar, dass Gott uns nicht täuscht.
Gerade in Zeiten der Enttäuschung und der Mutlosigkeit gibt mir der knappe Hymnus Zuversicht. Der Gottessohn wurde wie ein Sklave, abhängig vom Geschick der Menschen, von ihnen ans Kreuz genagelt.
Doch der Vater lässt seinen Sohn nicht hängen. Er hat ihn »über alle erhöht«. Also lässt er auch uns nicht hängen und verkommen.

Franz Meurer

DIE AUTOREN

Franz Meurer, geboren 1951, Studium der katholischen Theologie und Sozialwissenschaften. Seit 1992 arbeitet der streitbare »rheinische Christ«, wie er sich selbst nennt, als Pfarrer in den katholischen Gemeinden – und sozialen Brennpunkten – Höhenberg und Vingst in Köln.

Peter Otten, geboren 1969, Studium der katholischen Theologie, ist geistlicher Leiter der KjG im Erzbistum Köln, Autor für die WDR 5-Redaktionen »Religion, Kirche und Theologie« und »Gesellschaft aktuell« sowie bei anderen ARD-Hörfunk-Anstalten. Ständiger Mitarbeiter der Redaktion von »Publik-Forum«.

Die existenziellen **Herausforderungen des Lebens** mit der Bibel **meistern**

Die Bibel ist zeitlose, überlieferte Lebenserfahrung. Die Autoren greifen Lebensgefühle auf, denen wir Menschen uns stellen müssen, und deuten diese mit Hilfe von 50 zentralen Texten des Alten und Neuen Testaments. Ein zeitgemäßer spiritueller Lebensbegleiter mit Anregungen, die Herausforderungen des Lebens anzunehmen.

Franz Meurer / Peter Otten
BIBEL RELOADED
160 Seiten / Flexibles Hardcover
ISBN 978-3-579-06586-1

GÜTERSLOHER VERLAGSHAUS

www.gtvh.de